SUR LA PISTE
D'ARTHUR CONAN DOYLE :

VOYAGE ILLUSTRÉ DANS LE DEVON

par

Brian W. Pugh et Paul R. Spiring

Paperback ISBN 978-1-80424-495-1
ePub ISBN 978-1-80424-496-8
PDF ISBN 978-1-80424-497-5

Published by MX Publishing
335 Princess Park Manor, Royal Drive,
London, N11 3GX
www.mxpublishing.co.uk

Cover design by Awan
Translated by Géraldine Samson
(geraldine.samson@gmail.com)

**Ce livre est dédié à la mémoire de l'acteur britannique
Edward Hardwicke (7 août 1932 - 16 mai 2011)**

Edward Hardwicke avec les auteurs (2008)

Avant-propos

Arthur Conan Doyle a mené une existence particulièrement riche et passionnante, le type de vie qu'on attribue à un véritable excentrique, ce qu'il n'était pas. Il était toutefois plein de ressources, courageux, intelligent, dévoué et ouvert d'esprit. De nombreuses biographies ont été écrites et vous pensez peut-être que les moindres aspects de sa vie ont été couverts. Il semble pourtant que de nouvelles informations soient sans cesse mises à jour, comme le prouve cet ouvrage.

Le nom Arthur Conan Doyle a longtemps été éclipsé par l'une de ses plus célèbres créations, Sherlock Holmes. Lorsque vous évoquez Dartmoor, probablement neuf personnes interrogées sur dix pensent à la plus grande aventure de Sherlock Holmes, *The Hound of the Baskervilles (*Le Chien des Baskerville*)*, mais d'une façon générale, les liens de Conan Doyle avec Dartmoor et le comté du Devon dépassent largement cette œuvre. Le premier cabinet dans lequel il travaille après avoir obtenu son diplôme de médecin se trouve à Plymouth. Il s'agit assurément d'un engagement de courte durée mais le docteur Conan Doyle retourne dans le comté à de nombreuses occasions. De nature active, il effectue toujours ces visites dans un objectif qui vont au-delà du simple repos, comme vous pourrez le constater.

La vie de deux autres hommes est inextricablement liée aux expériences de Conan Doyle dans le Devon. George Turnavine Budd, qui fait de lui son associé dans le cabinet de Plymouth, et Bertram Fletcher Robinson, qui joue un rôle essentiel dans la conception et l'ébauche de *The Hound of the Baskervilles*. Le présent ouvrage se penche de façon approfondie sur ces contributions.

Sur la piste d'Arthur Conan Doyle

Des guides pour romantiques souhaitant suivre la piste de Sherlock Holmes existent déjà. Je me réjouis d'accueillir ce livre qui se concentre plutôt sur le créateur du détective, et qui plus est rédigé conjointement par un scientifique et un spécialiste de Conan Doyle.

Roger Johnson,
Éditeur: *The Sherlock Holmes Journal*

Sur la piste d'Arthur Conan Doyle

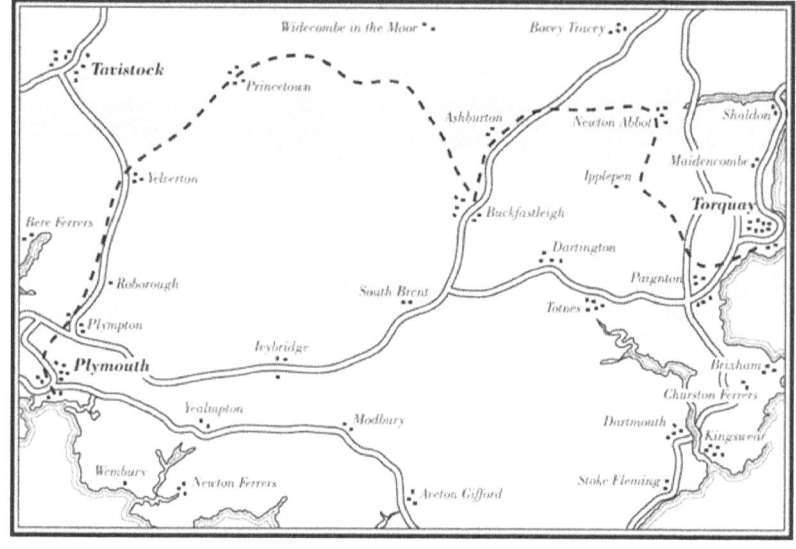

Illustration. 1. Le circuit Arthur Conan Doyle dans le Devon.

Préface

Entre 1882 et 1923, Arthur Conan Doyle, père du légendaire personnage de Sherlock Holmes, se rend pas moins de dix fois dans le Devon et y réside quatre mois au total. Cet ouvrage a pour but de replacer ces visites dans le contexte plus large de sa vie et de permettre aux lecteurs de fouler le même sol que lui, pour leur plaisir. Il vise tous les lecteurs, quelles que soient leurs connaissances sur la vie ou l'oeuvre de Conan Doyle.

L'ouvrage se compose de deux parties : la première partie (chapitres I à III) présente au lecteur trois acteurs au rôle majeur, sir Arthur Conan Doyle, le docteur George Turnavine Budd et Bertram Fletcher Robinson. La deuxième partie (chapitre IV) permet au lecteur de visiter les sites réels du Devon auxquels ces trois hommes ont été le plus associés. Sachez que les sections marquées d'un astérisque sont des propriétés privées et que les visiteurs sont priés de respecter l'intimité des détenteurs des lieux.

Le circuit complet correspond à une demi-boucle qui intègre 18 sites (voir ill. 1 et chapitre IV). La plupart des lieux mentionnés incluent plusieurs endroits intéressants. Les visiteurs ont à parcourir une distance totale de 59,2 miles (soit 95,3 km) le long de divers types de routes et marcher 1,5 mile sur des chemins plats. Le circuit proposé commence à Plymouth et s'achève à Torquay. Il englobe Roborough, Princetown, Buckfastleigh, Ashburton, Newton Abbot, Ipplepen et Paignton. Les visiteurs peuvent également opter pour le circuit inverse ou juste une partie plus spécifique de celui-ci.

Sur la piste d'Arthur Conan Doyle

Voici nos recommandations pour vous reposer durant votre trajet : Strand Tea Rooms (24 New Street, The Barbican, Plymouth), Valentis Cafe Bar (The Promenade, The Hoe, Plymouth), The Lopes Arms (Tavistock Road, Roborough), Fox Tor Cafe (Two Bridges Road, Princetown), The Forest Inn (Hexworthy), The Old Coffee House Tea Rooms (West Street, Ashburton) et Compass Bar and Lounge (Grand Hotel, Torbay Road, Torquay). De nombreux hôtels, auberges et *bed and breakfast* se trouvent également sur la route.

Enfin, les auteurs souhaiteraient remercier les personnes ci-après de l'aide apportée pour cet ouvrage : Ann Adams (famille Budd), Ashburton Library, Peter Basham (Royal College of Physicians of London), Phillip G. Bergem (Norwegian Explorers), Michael Bourne (famille Baskerville), Bob Brewis (historien de la loge franc-maçon Torbay Lodge n°1358), Bristol Central Library (référence), Bristol Record Office, Cambridge University Library (livres rares et périodiques), Graeme de Bracey Marrs (famille Robinson), Devon Record Office, Shelah Duncan (The British Library), Simon Eliot (directeur de la Sherborne School), Exeter Central Library (Westcountry Studies), Michael Freeland (Harold Michelmore & Company Solicitors, Newton Abbot), Irene Ferguson (assistant archiviste à l'université d'Édimbourg), Laxmi Gadher (Record Copying Department of The National Archive, Richmond), General Register Office, John Genova, Stewart Gillies (The British Library), Annabel Gordon (TopFoto), Freda Howlett (président de la Sherlock Holmes Society of London), Ipplepen Library, Roger Johnson (rédacteur en chef de The Sherlock Holmes Journal), Tim Johnson (The Sherlock Holmes Collection, université du Minnesota), Liverpool Central Library and Archive, Pat Luxford (Ford Park Cemetery Trust), Ian

Sur la piste d'Arthur Conan Doyle

MacGregor (responsable des informations d'archive au Met Office à Exeter), Janice McNabb, Meade-King, Robinson and Company Limited (Liverpool), Newton Abbot Library (Local Studies and Railway Studies), Peggy Perdue (The Friends of the Arthur Conan Doyle Collection, Toronto Public Library, Canada), Plymouth and West Devon Record Office, Plymouth Central Library (Local and Naval Studies), Mark Pool (Torquay Library), Harry Rabbich, Christopher Redmond, John Richardson (principal du Cheltenham College), Arthur Robinson (famille Robinson), Géraldine Samson (traductrice anglais-français), Thierry Saint-Joanis, Mark Steed (principal du Kelly College à Tavistock), Brian et Maggie Sutton, Troy Taylor (Illinois Hauntings Tour Company), The Society for Psychical Research (Londres), Philip Weller et Jane Weller (The Baskerville Hounds, The Dartmoor Sherlock Holmes Study Group et The Conan Doyle Study Group), Frances Willmoth (archiviste au Jesus College, université de Cambridge), Doug Wrigglesworth (The Friends of the Arthur Conan Doyle Collection, Toronto Public Library, Canada) et tout particulièrement Patrick Casey (Clifton Rugby Club).

Bonne visite !

Brian Pugh et Paul Spring

Table des matières

CHAPITRE IV

Circuit Arthur Conan Doyle dans le Devon

CHAPITRE I

Sir Arthur Conan Doyle
(22 mai 1859 - 7 juillet 1930)

Ill. 2. Sir Arthur Conan Doyle

Introduction

Arthur Ignatius Conan Doyle (ci-après Conan Doyle) naît le 22 mai 1859 (voir illustration 2). Son père, Charles Altamont Doyle, artiste et architecte, et sa mère Mary Josephine Doyle (née Foley) résident au 11 Picardy Place, à Édimbourg. Conan Doyle est baptisé dans la religion catholique romaine du nom de son parrain et grand-oncle sans enfant Michael Conan. La famille Doyle compte neuf enfants : Annette (née en 1856), Catherine (née en 1858), Arthur (né en 1859), Mary (née en 1861) Caroline (née en 1866), Constance (née en 1868), John (né en 1873), Jane (née en 1875) et Bryan Mary (né en 1877).

Conan Doyle débute sa scolarité à la Newington Academy d'Édimbourg. Il est envoyé à l'âge de huit ans à l'école préparatoire jésuite de Hodder, dans le Lancashire, puis est admis deux ans plus tard non loin de là au Stonyhurst College. À seize ans, Conan Doyle quitte Stonyhurst et poursuit une année de plus son éducation à l'école des sœurs Stella Matutina de Feldkirch, en Autriche. Sur le chemin du retour en Écosse, il séjourne quelques semaines à Paris avec Michael Conan qui le pousse à envisager une carrière médicale. Conan Doyle va découvrir de retour à Édimbourg qu'il a été prédestiné à des études de médecine et non de lettres. Cette décision a probablement été prise sous l'influence d'un ami médecin de la famille, Bryan Charles Waller, en pension chez les Doyle.

Les premières années en médecine

On a souvent dit que Conan Doyle était entré à la faculté de médecine d'Édimbourg en octobre 1876 (alma mater de Waller). Une note écrite le 17 mai 1882 par un certain

Sur la piste d'Arthur Conan Doyle

Thomas Gilbert, alors employé au service des inscriptions de l'université d'Édimbourg, indique toutefois que Conan Doyle commence en réalité ses études de médecine le 1er novembre 1877. Quoi qu'il en soit, Conan Doyle a comme professeur le docteur Joseph Bell, dont il s'inspirera largement pour son personnage de Sherlock Holmes. Il rencontre également le professeur William Rutherford, futur source d'inspiration pour son personnage du professeur George Edward Challenger.

Durant le mois de juin 1879, Conan Doyle commence à travailler comme médecin-assistant d'un certain docteur Reginald Hoare à Birmingham. En octobre de la même année, il retourne à Édimbourg et se lie d'amitié avec un étudiant en dernière année de médecine, George Turnavine Budd (voir chapitre II). Il assiste en janvier 1880 à Birmingham à une conférence, *Does Death end all?* (la mort signifie-t-elle la fin de tout ?), déclare avoir trouvé intéressant le sujet, quoique non convaincant, et gardera néanmoins toute sa vie un intérêt pour le phénomène psychique.

Fin février 1880, Conan Doyle est employé sur le *S.S. Hope*, un baleinier en partance pour l'Arctique, comme médecin de bord non diplômé. Son salaire net est de deux livres et dix shillings par mois plus trois shillings par tonne d'huile de baleine recueillie. Durant son voyage, Conan Doyle tombe dans une mer glaciale et évite de peu la noyade en utilisant une carcasse de phoque dépouillée pour se hisser. Le 10 août de la même année, il retourne en Écosse et rejoint le docteur Hoare à Birmingham.

Le 1er août 1881, Conan Doyle obtient le *bachelor's degree* de médecine avec mention très bien ainsi que le *master's degree* de chirurgie[NdT] de l'université d'Édimbourg. Il est ensuite employé en octobre en tant que médecin de bord d'un vapeur de charge, le *Mayumba*, en partance pour l'Afrique occidentale. Il contracte la typhoïde et manque d'en mourir. À son retour en janvier 1882, il reprend son travail auprès du docteur Hoare à Birmingham mais début mai, il devient l'associé en second du docteur George Turnavine Budd dans le district de East Stonehouse, aujourd'hui Plymouth (voir chapitre II).

Conan Doyle effectue au cours du mois de juin 1882 un voyage de Plymouth à Tavistock en passant par Roborough. Cette excursion lui inspire un article, *Dry Plates on a Wet Moor* (arides plateaux dans l'humide lande), publié dans le *British Journal of Photography* en novembre 1882. Le « génie » évoqué dans l'article est probablement le docteur George Turnavine Budd, que l'on trouve également de façon à peine déguisée dans une nouvelle qui paraît en 1884, *Crabbe's Practice* (La Clientèle de Crabbe). En 1892, Conan Doyle écrira une aventure de Sherlock Holmes, *Silver Blaze* (Flamme d'Argent), se déroulant elle aussi dans la région de Tavistock. George Turnavine Budd apparaîtra de nouveau sous les traits du docteur James Cullingworth dans deux autres livres, *The Stark Munro Letters* (Les Lettres de Stark Munro), en 1895, et *Memories and Adventures* (Souvenirs et aventures ou Ma Vie aventureuse) en 1924.

Durant le mois de juin 1882, George Turnavine Budd et Conan Doyle mettent fin à leur partenariat. Conan Doyle décide de quitter Plymouth pour Portsmouth dans le Hampshire avec seulement dix livres en poche et

---

[NdT] Le *bachelor's degree* correspond à la licence française, le *master's degree* à la maîtrise.

4

« l'optimisme insouciant de la jeunesse face à l'avenir ». Il loue une maison dans la ville voisine de Southsea et ouvre un cabinet au 1 Bush Villas, Elm Grove (voir ill. 3). Les affaires n'y sont d'abord pas florissantes et plus tard, il se remémorera cette époque en déclarant qu'il y « avait un épicier qui se mit à avoir des crises d'épilepsie, synonymes de beurre et de thé pour moi ». Au fil des huit années passées à Southsea, Conan Doyle devient néanmoins un praticien plutôt prospère et gagne jusqu'à 300 livres par an. Il est également élu secrétaire adjoint bénévole de la Portsmouth Literary and Scientific Society et occupe le poste de gardien de but et d'arrière du Portsmouth Football Club sous le pseudonyme A. C. Black.

Au début de l'année 1885, Conan Doyle soigne un patient atteint de méningite bactérienne, à l'époque incurable. Il s'agit de John Hawkins, 25 ans, affectueusement appelé « Jack » par sa famille, et qui consulte Conan Doyle accompagné de sa soeur aînée Louisa Hawkins (voir ill. 4). À l'époque, la société exclut bien souvent les personnes atteintes de méningite car les causes de leurs alarmantes crises de convulsion ne sont pas comprises. Conan Doyle installe cependant John chez lui et le soigne personnellement jusqu'à sa mort, le 25 mars 1885.

Ill. 3. Conan Doyle dans son cabinet de Southsea Ill. 4. Louisa « Touie » Hawkins
COLLECTION TROY TAYLOR   COLLECTION TROY TAYLOR

Louisa préfère être appelée « Louise » et c'est peut-être la raison pour laquelle son surnom est également « Touie ». Elle a 27 ans et c'est une « jeune fille très féminine, casanière, d'une grande gentillesse et d'une absolue générosité ». Louise et Conan Doyle se marient le 1ᵉʳ août 1885, cinq jours après que Conan Doyle a obtenu son doctorat de médecine de l'université d'Édimbourg. Le mariage a lieu à Thornton-in-Lonsdale dans le Yorkshire et le docteur Bryan Charles Waller est témoin. Conan Doyle écrira plus tard de Louise « qu'aucun homme n'aurait pu avoir de compagne plus douce et plus aimable ».

Au cours de l'année 1886, il écrit *A Study in Scarlet* (Une Étude en rouge) dans laquelle il présente pour la première fois son légendaire détective Sherlock Holmes. L'histoire paraît d'abord en 1887 dans le *Beeton's Christmas Annual* puis est de nouveau publiée en tant que livre par Ward, Lock & Company Limited of London (1888). Il est intéressant de savoir que Conan Doyle prévoyait initialement de donner comme titre à l'histoire *A Tangled Skein* (littéralement, un écheveau inextricable). On y retrouve deux principaux personnages, Sherrinford Holmes et Ormond Sacker. Ces noms lui semblent toutefois maladroits et il les change ensuite en Sherlock Holmes et le docteur John Watson. Le nom de Watson provient probablement d'un certain docteur James Watson présent lorsque Conan Doyle est fait franc-maçon le 26 janvier 1887 (Portsmouth Lodge n°257).

Le 28 janvier 1889, Louise Conan Doyle donne naissance au premier enfant du couple, une fille appelée Mary Louise Conan Doyle. Conan Doyle assiste au mois d'août de la même année à une soirée littéraire à Londres organisée par un éditeur américain désireux de recruter des auteurs britanniques pour son magazine. Conan Doyle est ainsi directement amené à écrire une deuxième histoire de Sherlock Holmes, *The Sign of Four* (Le Signe des quatre).

En 1891, il quitte Southsea et se rend à Vienne dans l'intention d'y étudier l'ophtalmologie. Ses plans échouent cependant et il s'installe alors à Londres pour ouvrir son propre cabinet. Les patients étant rares, il décide d'abandonner la médecine et de se consacrer pleinement à l'écriture.

« Sir Arthur, levez-vous ! »

En janvier 1891, George Newnes MP crée un magazine, *The Strand Magazine,* dont le rédacteur en chef est Herbert Greenhough Smith jusqu'en 1930. À l'époque, George

Newnes a déjà créé *The Westminster Gazette* (1873), *Tit-Bits* (1881) ainsi que *The Wide World Magazine* (1888). Il créera également *Country-Life* en 1897. Il est intéressant de noter qu'il publie de nombreuses histoires de Sherlock Holmes écrites par Conan Doyle après 1891 et qu'il a lui-même des attaches dans le Devon. Il finance par exemple en 1887 la construction d'un chemin de fer funiculaire innovant qui relie aujourd'hui encore Lynton à Lynmouth et fonctionne sur le principe du contrepoids d'eau (inauguré le lundi de Pâques de l'année 1890). Il obtient également une loi du Parlement permettant la construction du chemin de fer Lynton and Barnstaple Railway (ouvert en 1898). Plus tard, George Newnes va financer la construction de l'hôtel de ville Lynton Town Hall (inauguré le 14 août 1900) qui lui consacrera une stèle et un buste commémoratifs. Le baronnet George Newnes MP meurt le 9 juin 1910 à l'âge de 51 ans dans son manoir Hollerday House, à Lynton. Il est enterré à proximité, dans le vieux cimetière, proche de la Valley of Rocks. Le 4 août 1913, le manoir Hollerday House est détruit par un incendie qui aurait été déclenché par les partisans du droit de vote pour les femmes (il est démoli peu après la Seconde Guerre mondiale).

Au cours du mois de juillet 1891, le *Strand Magazine* publie une aventure de Sherlock Holmes, *A Scandal in Bohemia* (Un Scandale en Bohème). Le succès est tel qu'onze autres nouvelles de Sherlock Holmes sont commandées à Conan Doyle. Elles sont publiées au rythme d'une par mois dans le *Strand Magazine* entre août 1891 et juin 1892. Les douze nouvelles paraissent de nouveau en octobre 1892 dans un recueil intitulé *The Adventures of Sherlock Holmes* (Les Aventures de Sherlock Holmes) (Londres, George Newnes), avec des illustrations de Sidney Paget, et Conan Doyle reçoit entre 35 et 50 livres pour chacune d'entre elles. Autour du mois de novembre 1891, il est pourtant déjà lassé de Sherlock Holmes et écrit dans une lettre à sa mère « envisager de faire mourir Holmes et mettre fin au personnage une bonne fois pour toutes. ».

En février 1892, Conan Doyle reçoit une offre de 1 000 livres pour écrire une deuxième série d'aventures de Sherlock Holmes pour le *Strand Magazine*. Il se rend plus tard la même année avec sa famille en Norvège où il skie pour la première fois. À leur retour en Angleterre, on diagnostique chez Louise la tuberculose, ne lui donnant alors plus que quelques mois à vivre. Conan Doyle emmène alors sa femme à Davos en Suisse où le climat est supposé pouvoir soulager les symptômes. Louise donne malgré tout naissance à un garçon en bonne santé, Arthur Alleyne Kingsley Conan Doyle, le 15 novembre 1892 (appelé « Kingsley » dans la famille). En décembre 1892, Conan Doyle « tue » Sherlock Holmes aux chutes de Reichenbach, en Suisse, dans une nouvelle intitulée *The Final Problem* (Le Dernier problème) qui conclut la seconde série d'aventures dans le *Strand Magazine*. Cette publication en feuilleton est plus tard rééditée par George Newnes (Londres) dans un recueil, *The Memoirs of Sherlock Holmes* (Les Mémoires de Sherlock Holmes), qui paraît en 1893.

Le 16 décembre 1892, Conan Doyle assiste à un dîner au Reform Club de Pall Mall. Ce dîner célèbre la 100ème édition à paraître d'un périodique étudiant de l'université de Cambridge, *The Granta*. Conan Doyle est assis près d'un membre du Reform Club, John Robinson, directeur du *Daily News* et oncle de Bertram Fletcher Robinson (voir chapitre III). Tous deux sont amis avec un autre invité,

Sur la piste d'Arthur Conan Doyle

Thomas Wemyss Reid, un réformateur rédacteur en chef du *Leeds Mercury*, auquel Sherlock Holmes fait référence dans *The Hound of the Baskervilles* (Le Chien des Baskerville) (Londres, George Newnes, 1902).

Entre le 2 octobre et le 8 décembre 1894, Conan Doyle voyage en Amérique du Nord avec son jeune frère John Francis Innes Hay Doyle (« Innes » pour la famille et les amis). Il écrit le 3 novembre 1894 à John Robinson depuis l'Amherst House dans le Massachusetts. Robinson a alors été récemment fait chevalier. Il a également été élu au comité du Reform Club. Dans sa lettre, Conan Doyle évoque les cinq premières semaines de sa première tournée de conférences en Amérique du Nord et détaille les préparatifs de son retour en Angleterre. Ainsi, il commence :

MON CHER ROBINSON,

> Puis-je faire de vous mon porte-parole pour transmettre mes meilleurs souvenirs aux amis de la Réforme et notamment à Payn et à Reid ?

Il est intéressant de noter que Conan Doyle s'adresse rarement à ses amis par leur nom de baptême. La même expression formelle sera plus tard utilisée pour deux remerciements publiés dans les premières éditions de *The Hound of the Baskervilles* (voir chapitre III).

Conan Doyle rentre d'Amérique le 15 décembre 1894. Peu après, le *Strand Magazine* publie la première d'une série de nouvelles qu'il a écrites et dont le nouvel héros est le Brigadier Étienne Gérard.

Au cours de l'année 1895, l'auteur Grant Allen suggère à Conan Doyle que l'air du Surrey pourrait être bénéfique à Louise. Conan Doyle acquiert alors un terrain à Hindhead et fait dessiner une maison par un ami architecte, Joseph Henry Ball. La maison est achevée en octobre 1897 et baptisée Undershaw.

Tout au long de l'été 1895, Conan Doyle et Louise séjournent en Suisse. Le *Strand Magazine* publie en janvier 1906 le premier de douze chapitres d'un roman-feuilleton, *Rodney Stone* (Jim Harrison, boxeur). Au cours du même mois, Conan Doyle et Louise effectuent une croisière sur le Nil entre l'Égypte et le Soudan. De brèves hostilités éclatent au même moment entre les Britanniques et les derviches, et Conan Doyle joue le rôle de correspondant de guerre pour la *Westminster Gazette*. L'expérience lui inspire *The Tragedy of Korosko* (La Tragédie du Korosko), une histoire dramatique se déroulant dans le désert et qui est publiée pour la première fois dans le *Strand Magazine* en 1897. Les Doyle rentrent à Hindhead en avril 1896, mais leur maison Undershaw n'est pas achevée. Conan Doyle commence donc par louer une propriété du nom de Grayswood Beeches à Haslemere puis s'installe tout près du Moorlands Hotel.

Entre le 8 janvier et le 5 mars 1897, la nouvelle *Uncle Bernac* (L'Oncle Bernac) est publiée en feuilleton dans le *Manchester Weekly Times*. Conan Doyle se rend en février de la même année dans le Devon pour rencontrer la famille d'une femme que son frère Innes, alors âgé de 23 ans, souhaite épouser. La jeune femme est probablement Dora G. Hamilton, 20 ans, qui vit chez ses parents entourée d'un grand nombre de domestiques à Retreat Mansion, Topsham (ville qui fait aujourd'hui partie d'Exeter). Le père de Dora est Alexander

Hamilton, un important propriétaire terrien. Le mariage n'aura pas lieu et Innes épousera plus tard la Danoise Clara Schwensen le 2 août 1911.

Le 15 mars 1897, Conan Doyle, qui a alors 37 ans, assiste à une réception à Londres et rencontre une femme qui deviendra sa seconde épouse, Jean Leckie (voir ill. 5). Jean, 24 ans, est issue d'une famille écossaise vivant alors à Blackheath, dans le Kent. C'est une femme cultivée, une excellente cavalière qui prend aussi des cours de chant d'opéra. Les sentiments sont partagés et sincères mais de nombreuses lettres intimes et autres documents révèlent que la relation entre Conan Doyle et Leckie reste purement platonique. Conan Doyle continue en effet à veiller sur Louise et à la chérir jusqu'à sa mort en 1906. Famille et amis sont naturellement partagés quant à l'existence de Jean Leckie dans la vie de Conan Doyle mais ils sont nombreux à lui ouvrir leur porte.

Au cours du mois d'octobre 1899, la seconde guerre des Boers (1899-1902) éclate en Afrique du Sud. Conan Doyle tente de s'engager dans le régiment du Middlesex Yeomanry mais les autorités militaires le rejettent en raison de son âge et de sa condition physique. Ce revers ne l'empêche pas de se rendre en Afrique du Sud fin février 1900 afin de se présenter comme médecin bénévole au Langman Hospital de Bloemfontein. Là-bas, il contracte la dysentrie et subit un nouvel accès de fièvre typhoïde. En juillet de la même année, c'est un Conan Doyle affaibli qui rentre en Angleterre à bord du *S.S. Briton* en compagnie de Bertram Fletcher Robinson. Au mois d'octobre 1900, les éditions Smith, Elder and Company publient *The Great Boer War* (la guerre des Boers), un ouvrage que Conan Doyle va continuellement mettre à jour. À l'issue de la guerre en 1902, pas moins de seize éditions auront paru.

Au cours de l'été 1900, Conan Doyle joue pour le Marlyebone Cricket Club (M.C.C.) contre le London County au Crystal Palace à Londres. Il signe là son seul guichet exceptionnel en sortant le célèbre joueur de Bristol William Gilbert « WG » Grace (alors âgé de 52 ans). Plus tard la même année, Conan Doyle se présente comme candidat parlementaire unioniste conservateur et libéral pour la circonscription Edinburgh Central, mais il est battu.

Le 31 mars 1901, Louise Doyle et sa mère, Emily Hawkins, séjournent à la Bolton's Boarding House, Tor Church Road, à Torquay, pendant que Conan Doyle loge avec sa mère et Jean Leckie au Ashdown Forest Hotel à Forest Row, près de East Grinstead dans le Sussex. Les deux enfants de Conan Doyle, Mary et « Kingsley », respectivement douze et huit ans, restent pour leur part à Undershaw avec leur tante Emily, l'une des soeurs de Louise.

Le 26 avril 1901, Conan Doyle et Bertram Fletcher Robinson s'organisent trois jours de golf au Royal Links Hotel à Cromer dans le comté de Norfolk. Quatre semaines plus tard, les deux hommes visitent ensemble Dartmoor en logeant à Princetown au Duchy Hotel de Princetown. En septembre 1901, Conan Doyle écrit *The Hound of the Baskervilles,* ressuscitant ainsi Sherlock Holmes. Cette histoire, qui se déroule essentiellement dans le Devon, fera l'objet d'au moins 19 longs métrages et encore plus d'adaptations télévisuelles (voir chapitre III).

Sur la piste d'Arthur Conan Doyle

Au cours de l'année 1902, Conan Doyle consigne son opinion concernant la seconde guerre des Boers dans un pamphlet vendu à un prix dérisoire et portant le titre *The War in South Africa - Its Cause and Conduct* (la guerre en Afrique du Sud - causes et déroulement). Ce dernier intervient probablement en réponse au malaise croissant de l'opinion publique face aux récits venant de l'étranger sur les présumées atrocités commises par les Britaniques ainsi que sur leur recours à des camps de concentration. Conan Doyle ne ferme pas les yeux sur les conditions sévissant dans les camps britanniques mais défend la nécessité d'isoler les guérilleros boers des fermes soutenant leurs activités. Cette prise de position en termes simples pour la politique britannique est saluée de façon exceptionnelle par le public. Le pamphlet est traduit dans de nombreuses langues et il s'en vend un nombre record. Conan Doyle fait don des recettes à diverses bonnes causes telles qu'un fond de réconciliation pour les Boers défavorisés. La guerre s'achève en mai de la même année par la signature du traité de Vereeniging.

Autour du mois d'août 1902, Conan Doyle obtient un travail au frère de Jean Leckie, âgé de vingt ans, au bureau de Newnes. Il dispute le même mois plusieurs rencontres de cricket à Teignmouth dans le sud du Devon. C'est à cette même époque que Jean et sa mère Selina quittent le nord du Devon pour séjourner à Teignmouth. Le 16 août 1902, Conan Doyle écrit à sa mère son intention de rencontrer Jean à Newton Abbot, le 23 août. Il ajoute vouloir parcourir « un peu la lande de Baskerville », voyage qui s'annonce « charmant ». Conan Doyle rencontre effectivement Jean près d'Exeter et tous deux visitent la caserne où Innes a auparavant résidé. Début septembre, Conan Doyle se rend à Lynton où demeure

George Newnes, prévoyant alors de chasser avec les Devon Stag Hounds^{NdT} à Exmoor.

Le 24 octobre 1902, Édouard VII est couronné à l'abbaye de Westminster. Il confère le 24 octobre le titre de chevalier à Conan Doyle (*knights bachelor*) et le nomme *deputy lieutenant*^{NdT} du Surrey. Officiellement, Conan Doyle reçoit ces honneurs pour les services rendus à la patrie durant la guerre des Boers. Il est toutefois intéressant de souligner qu'Édouard VII est apparemment un admirateur de Sherlock Holmes et qu'il a assisté à une pièce de William Gillette intitulée *Sherlock Holmes* le 1er février 1902 au Lyceum Theatre de Londres.

En 1903, Conan Doyle se rend à Birmingham pour y acheter une automobile Wolseley dix chevaux. Il s'exerce un petit peu puis décide de prendre le volant pour parcourir les 150 miles qui le séparent d'Undershaw. Cette année est également marquée par la publication d'une deuxième série d'aventures du *Brigadier Gérard.* Conan Doyle est alors convaincu de poursuivre la résurrection de Sherlock Holmes et écrit ainsi treize autres nouvelles qui paraissent dans le *Strand Magazine* entre octobre 1903 et décembre 1904, illustrées par Sidney Paget. Ces aventures sont plus tard rassemblées et publiées sous le titre *The Return of Sherlock Holmes* (Le Retour de Sherlock Holmes) (Londres, George Newnes, 1905).

Au début de l'année 1904, Conan Doyle est invité à rejoindre un club fermé londonien d'enquêtes criminologiques, « Our

---

^{NdT} Meutre de fox-hounds du Devon.
^{NdT} Adjoint du lord-lieutenant, le représentant direct de la couronne dans le comté.

Society », composé de douze membres. Bertram Fletcher Robinson et Max Pemberton sont également admis à la même période (voir chapitre III). Le 18 juin de la même année, Conan Doyle et Bertram Fletcher Robinson assistent à un dîner donné au Savoy Hotel à Londres en l'honneur de lord Roberts par Joseph Hodges Choate, alors ambassadeur américain au Royaume-Uni. La liste des invités inclut de nombreux dignitaires britanniques tous membres de la société anglo-américaine « The Pilgrims ».

L'université d'Édimbourg décerne à Conan Doyle le titre de docteur *honoris causa* ès lettres le 7 avril 1905. Plus tard ce même mois, Conan Doyle visite les sites des célèbres meurtres de Whitechapel commis par Jack l'éventreur. Il est accompagné du docteur Samuel Ingeby Oddie (plus tard coroner de Sa Majesté pour les districts centraux de Londres) et d'autres membres du club « Our Society ».

En janvier 1906, Conan Doyle subit une défaite en tant que candidat unioniste au Parlement pour Hawick, dans les Scottish Borders. La première lady Conan Doyle meurt le 4 juillet de la même année. Elle est enterrée au cimetière Grayshot Churchyard près de la maison familiale de Hindhead. Conan Doyle est très affecté par son décès. Le 18 octobre 1906, Max Pemberton prononce un discours devant « Our Society » intitulé *An attempt to Blackmail Me* (tentative de chantage). Deux jours à peine plus tard, Conan Doyle, Bertram Fletcher Robinson, « Innes » Doyle et deux autres amis jouent au golf avec lui à Hindhead dans le Surrey.

Conan Doyle milite en janvier 1907 pour la libération de prison de George Edalji, selon lui injustement déclaré coupable de mutilation de bétail en 1903. George Edalji a été condamné à sept ans de prison mais il est gracié et libéré en mai 1907. Le même mois, Bertram Fletcher Robinson meurt à l'âge de 36 ans de complications de la typhoïde. Conan Doyle envoie une composition florale avec comme message « en mémoire d'un précieux vieil ami » pour les obsèques qui ont lieu dans le Devon.

Au début de l'année 1907, Conan Doyle rend visite à la famille Leckie à Monkstown, une demeure située à Lordswell Lane dans la ville Crowborough (Sussex). Son amitié pour Jean Leckie s'ouvre alors au grand jour et ils se fiancent bientôt. Plus loin sur le chemin partant de Monkstown se trouve un cottage, Little Windlesham, propriété d'une certaine Mrs Scott-Malden. Conan Doyle tombe sous le charme de la maison, l'achète, la fait agrandir et la rebaptise Windlesham.

Une seconde famille et autres intérêts

Le 18 septembre 1907, Conan Doyle épouse Jean Leckie à la St. Margaret's Church de Westminster à Londres. La réception est donnée dans les Whitehall Rooms à l'Hôtel Métropole. Max Pemberton et George Edalji y assistent (voir chapitre III). Durant leur voyage de noces, Conan Doyle reçoit l'Ordre du Medjidieh de la Seconde classe par le sultan Abdul-Hamid de Constantinople, alors capitale de l'Empire ottoman. À la fin de 1907, les jeunes mariés emménagent dans leur demeure de Windlesham à Crowborough. C'est dans le bureau (voir ill. 6) de cette maison que Conan Doyle écrit bon nombre de ses romans les plus importants et les plus marquants : *Round the Fire Stories* (histoires au coin du feu, 1908), *The Lost World* (Le Monde perdu, 1912), *The Poison Belt* (La Ceinture empoisonnée, 1913), *The Valley of Fear* (La Vallée de la peur, 1915), *His Last Bow* (Son Dernier coup

17

d'archet, 1917), *The British Campaign in France and Flanders* (la campagne britannique en France et en Flandres, 1916-1920), *Tales of Adventure and Medical Life* (contes d'aventure et de la vie médicale, 1922), *Memories and Adventures* (1924), *The Land of Mist* (Au Pays des brumes, 1926), *The Casebook of Sherlock Holmes* (Les Archives de Sherlock Holmes, 1927) and *The Maracot Deep and Other Stories* (Le Gouffre Maracot, 1929).

Au cours de l'année 1908, Conan Doyle est engagé par le *Daily Mail* pour commenter les Jeux olympiques de Londres au stade White City. Il est témoin durant l'événement de la disqualification du marathonien italien Dorando Pietri, qui a reçu soins médicaux et assistance juste avant de franchir la ligne d'arrivée en première position. La reine Alexandra remet au sportif une coupe en or en reconnaissance de sa performance et Conan Doyle lui présente un chèque de 308 livres ainsi qu'un étui à cigarettes en or.

Durant le mois de janvier 1909, Conan Doyle tombe gravement malade, souffrant d'occlusion intestinale, et subit une opération à Windlesham. Deux mois plus tard, Jean donne naissance à leur premier fils, Denis Percy Stewart Conan Doyle. Conan Doyle aide au cours de l'été une infirmière native de Torquay, Miss Joan Paynter, à la recherche de son fiancé danois, disparu. Il est en mesure de lui apprendre où l'homme est parti et à quel point le marin ne mérite pas son affection…

Le 18 novembre 1909 dans la soirée, alors qu'il fait partie d'une délégation représentant la Congo Reform Association, laquelle vise à rendre publics les récents mauvais traitements infligés à la population congolaise par le roi Léopold II de

Belgique, il donne une conférence intitulée *The Congo Atrocity* (les atrocités commises au Congo) au Plymouth Guildhall (hôtel de ville). Il est accompagné du Britannique Edmund Dene Morel, l'un des membres fondateurs de l'association, aussi journaliste, auteur et homme politique socialiste. La réunion a lieu à l'initiative de John Plymouth, maire de Plymouth, qui la préside également. Le public y vient nombreux et la conférence de Conan Doyle est chaleureusement accueillie. Après un discours de remerciement prononcé par William Littleton (maire de Devonport), Conan Doyle déclare qu'ils repartiront avec le sentiment que le sud-ouest du pays est avec eux.

Ill. 5. Jean Leckie
COLLECTION TROY TAYLOR

Ill. 6. Conan Doyle à Windlesham

Entre le 7 et le 21 mars 1910, Conan Doyle et Jean passent deux semaines de repos en Cornouailles et résident alors au Poldhu Hotel à Mullion près de Helston. Peu après, il écrit une aventure de Sherlock Holmes située dans cette même région, *The Devil's Foot* (Le Pied du diable). Cette histoire paraît pour la première fois dans le *Strand Magazine* en décembre 1910.

En avril 1910, Conan Doyle s'intéresse au cas d'Oscar Slater, un Juif allemand accusé en 1908 de meurtre en Écosse. D'abord condamné à la pendaison, Slater bénéficie d'un sursis puis est finalement condamné à la réclusion à perpétuité en 1909. Grâce notamment aux efforts de Conan Doyle, il est ensuite libéré de prison en 1927 puis innocenté en 1928.

Autour de 1910, Conan Doyle est nommé capitaine de l'équipe du Marylebone Cricket Club, qui participe à plusieurs tournois annuels successifs de cricket du Devon. Il se souvient avoir joué contre diverses équipes locales incluant celles de Plymouth, d'Exeter et du Devonshire durant ces compétitions. En octobre 1910, il est également élu capitaine du Crowborough Golf Club et président du Crowborough Gymnasium Club. Le 19 novembre de la même année, Jean donne naissance à un second garçon, Adrian Malcolm Conan Doyle.

En 1911, lady Conan Doyle devient la capitaine de la section féminine du Crowborough Golf Club. Comme la plupart des autres femmes capitaines, Jean ne joue probablement pas au golf. La même année par ailleurs, le jeune frère de Conan Doyle, Innes, épouse une Danoise de Copenhague, Clara Schwensen. Conan Doyle conduit pour sa part une Dietrich-Lorraine au Prince Henry's Tour (une course anglo-allemande gagnée par les Britanniques). Vers la fin de l'année, il indique avoir trouvé une empreinte de pied fossilisée près de Windlesham. Un moulage de cette empreinte est encore visible au musée de Tunbridge Wells dans le Kent.

Un an plus tard, il est nommé à la tête du Comité olympique britannique des Jeux olympiques de 1916 à Berlin, qui n'auront en fait pas lieu en raison de la Première Guerre mondiale. Conan Doyle introduit également un nouveau personnage, le professeur Challenger, dans un roman-feuilleton intitulé *The Lost World* publié une première fois par le *Strand Magazine* entre avril et novembre 1912. Le film muet tiré du roman est le premier film à être projeté durant un vol au départ de l'aérodrome de Croydon le mardi 7 avril 1925. Le 21 décembre, Jean accouche d'une fille, Jean Lena Annette Conan Doyle (qui deviendra Air Commandant Dame Jean Conan Doyle, lady Bromet).

En 1913, Conan Doyle fait campagne pour un tunnel sous la Manche reliant l'Angleterre et la France (il faudra attendre 81 ans pour sa construction). Il organise cette même année une chasse à l'or mettant en jeu six demi-souverains sur le terrain de golf de Crowborough. Il prononce en avril 1913 un discours à la National League for Opposing Woman Suffrage (ligue nationale d'opposition au vote des femmes) à Tunbridge Wells. Peu après, des suffragettes versent de l'acide dans une boîte aux lettres située hors de la propriété de Windlesham, ce qui entraîne la présence fréquente d'un policier devant l'entrée des Doyle.

Au cours de 1914, Conan Doyle ouvre la salle d'entraînement militaire (*drill hall*) de la Compagnie G2 Crowborough du 5ème bataillon du Régiment de la Royal Sussex. Il embarque ensuite pour un voyage de deux mois en Amérique et au Canada. Peu après son retour, la Première Guerre mondiale éclate et Conan Doyle constitue une unité locale de volontaires qui deviendra l'officiel 4ème bataillon de volontaires de la Royal Sussex, dans lequel il va servir en tant que soldat de deuxième classe.

En mars 1915, les Doyle passent deux semaines à Torquay. Ils séjournent au Grand Hotel. Durant l'après-midi du 27 mars, Conan Doyle donne une conférence avec projections intitulée *The Great Battles of the War* (les grandes batailles de la guerre) au Pavilion, sur le front de mer. La rencontre est présidée par un membre local du parlement, le colonel Charles Rosdew Burn. Conan Doyle décrit les événements entourant le début de la Première Guerre mondiale jusqu'à la première bataille d'Yprès (19 octobre - 22 novembre 1914). Il rend hommage au régiment du Devon et encourage vivement les hommes jeunes à offrir leurs forces, « les hommes riches leur argent, les ouvriers leur travail et les femmes leurs maris et fils. »

Après l'insurrection de Pâques 1916 à Dublin, Conan Doyle milite pour la grâce de sir Roger Casement, un membre fondateur de la Congo Reform Association condamné à mort pour haute trahison durant l'insurrection de Pâques à Dublin, le 24 avril 1916. Son intervention échoue et Casement est pendu à la prison de Pentonville. Cette même année, Conan Doyle annonce son entière conversion au spiritisme dans un article publié dans le magazine de psychologie *Light*. Conan Doyle affirmera plus tard : « La question de la quête psychique est l'une de celles qui m'a le plus fait réfléchir et pour laquelle j'ai été le plus lent à me forger une opinion. »

Le 28 octobre 1918, le capitaine Arthur Alleyne Kingsley Conan Doyle, fils aîné de Conan Doyle, meurt de pneumonie, affaibli par les blessures subies lors de la bataille de la

Somme. Quatre mois à peine plus tard, son frère le brigadier-général Innes Doyle meurt également de pneumonie.

Le crépuscule de l'âge

L'après-midi du 4 août 1920, Conan Doyle donne une conférence intitulée *Death and the Hereafter* (la mort et l'au-delà) à l'hippodrome d'Exeter. La rencontre est organisée par le président de la Southern Counties Union of Spiritualists (union des spirites des comtés du sud-ouest), F. T. Blake. Le soir suivant, il tient de nouveau la même conférence au Torquay Town Hall (hôtel de ville), face à un public largement composé de femmes, et cette fois sous la présidence de Henry Paul Rabbich, alors président de la Paignton Spiritualist Society (société spirite de Paignton) et vice-président de la Southern Counties Union of Spiritualists. Conan Doyle rappellera plus tard que l'hôtel de ville « se situait à côté d'une église et dès que je commençai à prendre la parole, les cloches de l'église retentirent, m'obligeant à toujours crier.» Durant cette visite, Conan Doyle séjourne dans la maison de H. P. Rabbich, « The Kraal », située au 5 Headland Grove, Preston, Paignton. Rabbich est également un important entrepreneur local et un franc-maçon (Torbay Lodge n°1358).

Le 11 août 1920, Conan Doyle s'embarque pour l'Australie où il présente une série de conférences sur le spiritisme. Au cours de ce voyage, il apprend que sa mère est décédée le 30 septembre 1920. Durant les trois années suivantes, il va continuer à donner des conférences sur le spiritisme en Nouvelle-Zélande, en France, en Angleterre, en Écosse aux États-Unis d'Amérique et au Canada.

Le 20 février 1923, Conan Doyle et son épouse retournent dans le Devon pour la dernière fois. Ils résident au Victoria Hotel, Belgrave Road, à Torquay. Le soir suivant, Conan Doyle donne une conférence au Pavilion intitulée *The New Revelation* (la nouvelle révélation) et présidée par G. H. Tredale, alors maire de Torquay. Le 22 février, le couple se rend à Plymouth pour séjourner au Grand Hotel. Conan Doyle présente de nouveau la même conférence au public du Plymouth Guildhall le lendemain soir, cette fois sous la présidence d'un certain W. H. Watkins, représentant du maire de Plymouth Solomon Stephens. Il est intéressant de noter que le Grand Hotel se trouve à côté d'Elliot Terrace où Conan Doyle a vécu avec le docteur George Turnavine Budd en 1882. Ceci expliquerait peut-être pourquoi il est incité à évoquer en détail cette expérience dans son autobiographie, *Memories and Adventures*, publiée en feuilleton dans le *Strand Magazine* entre octobre 1923 et juillet 1924.

Au cours de 1924, Conan Doyle s'intéresse au cas du *chicken run murder* (meurtrier du poulailler). Le crime a été commis à Blackness road, Crowborough, et un certain Norman Thorne est alors déclaré coupable. Conan Doyle conteste le jugement qui repose largement sur des présomptions. Il soulève ces questions dans des courriers à la presse, en vain toutefois puisque N. Thorne est pendu à la prison de Wandsworth le 22 avril 1925.

Entre octobre 1921 et avril 1927, le *Strand Magazine* fait paraître la dernière série de nouvelles mettant en scène Sherlock Holmes. Ces nouvelles seront de nouveau publiées par John Murray dans le recueil *The Case-Book of Sherlock Holmes* en juin 1927. Il est couramment admis que ce dernier recueil de nouvelles est le moins remarquable de toutes les aventures de Sherlock Holmes.

Au cours de l'hiver 1928, Conan Doyle entame une tournée dans plusieurs pays d'Afrique afin d'y promouvoir le spiritisme. Il revient en Angleterre au printemps 1929 après avoir également visité l'Égypte et Malte. Six mois plus tard à peine, il donne des conférences sur le spiritisme aux Pays-Bas, au Danemark, en Suède et en Norvège. Il revient chez lui exténué et peu après est victime d'une crise cardiaque. Il reprend quelques forces au printemps 1930 mais s'effondre de nouveau et se résout alors à attendre la mort, qu'il perçoit bien sûr comme un renouveau et non une fin. Ainsi, comme il note dans une lettre, « j'attends avec un esprit empli de satisfaction, j'ai eu ma part d'aventures. Le meilleur et le plus glorieux m'attend maintenant. »

En dépit de sa santé déclinante, Conan Doyle part en tête d'une délégation au ministère de l'Intérieur afin de promouvoir la cause du spiritisme. Six jours plus tard, une ultime crise cardiaque le terrasse dans sa chambre à Windlesham, près de son bureau du premier étage. À sa demande, il est calé dans un fauteuil face à une fenêtre offrant sa vue préférée sur Crowborough et le terrain de golf. Ses fils Denis et Adrian se précipitent à son chevet à Tunbridge Wells pour lui apporter de l'oxygène, impossible à obtenir à Crowborough à cette époque, mais il est déjà trop tard. Le 7 juillet 1930 à 8 h 17, Conan Doyle s'éteint dans sa chère maison de Windlesham à Crowborough, entouré de nombreux membres de sa famille.

Le 11 juillet 1930, après un bref service funèbre, Conan Doyle est enterré dans son jardin de Windlesham. La stèle originale, en chêne britannique, comporte la simple épitaphe suivante : « Blade Straight, Steel True », corrigée en « Steel True, Blade Straight » sur la nouvelle stèle. La tombe de Conan Doyle est placée sous un hêtre pourpre, près de son refuge d'écriture. De nombreux dignitaires locaux et nationaux assistent aux funérailles. Une messe du souvenir est également célébrée au Albert Hall à Londres le 13 juillet.

Lady Jean Conan Doyle vit à Windlesham jusqu'à sa mort le 27 juin 1940. Elle repose aux côtés de sir Arthur. Lors de la vente de Windlesham en 1955, les deux corps ont été exhumés pour être de nouveau enterrés au cimetière d'All Saints Church, à Minstead dans le Hampshire, près de l'une des anciennes demeures de Conan Doyle à Stoney Cross dans le New Forest (voir ill. 7).

Ill. 7. La tombe de Conan Doyle et de la seconde lady Conan Doyle

CHAPITRE II

Docteur George Turnavine Budd
(3 novembre 1855 - 28 février 1889)

Ill. 8. Docteur George Turnavine Budd
AVEC L'AIMABLE AUTORISATION DE MACDONALD & JANE'S (LONDRES)

Introduction

Le docteur George Turnavine Budd (ci-après Budd) est un homme à la personnalité extrêmement charismatique. Dans les années 1880, il devient un médecin réputé d'East Stonehouse, ville située dans l'actuelle Plymouth (voir ill. 8). À l'instar de Bertram Fletcher Robinson qui vit dans le Devon à la même époque, on se souvient surtout de Budd pour son association avec Conan Doyle. Il s'agit pourtant d'un personnage formidable en lui-même qui serait certainement devenu bien plus célèbre s'il avait dépassé la trentaine.

Il existe malheureusement une tendance à confondre Budd avec d'autres membres de sa famille et notamment deux de ses oncles, le docteur George Budd et le docteur John Wreford Budd. Avec le premier oncle, la confusion provient évidemment du nom, parfaitement identique, mais aussi de la profession. Il faut savoir que Budd et son deuxième oncle pratiquent tous deux la médecine dans la région de Plymouth à une décennie d'intervalle et qu'aussi bien l'un que l'autre acquiert une réputation bien méritée pour ses comportements excentriques envers les malades. De plus, un troisième oncle, le docteur Samuel Budd, qui demeure à Exeter, prénomme en 1858 son fils George. Ce dernier décide d'étudier la médecine au début des années 1880 tout comme son grand-père, son père, six de ses oncles et au moins deux cousins avant lui, dont le Budd du présent chapitre.

Budd et Conan Doyle font connaissance alors qu'ils font tous deux leurs études de médecine à l'université d'Édimbourg en 1879. Il est très important de savoir que Budd est alors dans sa dernière année et a quatre ans de plus que Conan Doyle. Il engage plus tard Conan Doyle pour travailler comme associé en second de son cabinet situé dans la ville bourgeoise d'East Stonehouse. Durant leur brève collaboration, Conan Doyle réside avec Budd et sa jeune épouse dans un splendide appartement qui domine Plymouth Hoe. L'approche de la médecine peu orthodoxe de Budd contrarie cependant Conan Doyle qui quitte rapidement son associé bien que cela le place dans une situation professionnelle et financière précaire.

La relation entre Conan Doyle et Budd est assurément peu commune. Conan Doyle est souvent direct dans ses rapports aux autres et pourtant, il fait preuve d'une grande circonspection envers Budd. Le 22 février 1923 par exemple, Conan Doyle visite de nouveau Plymouth et réside au Grand Hotel, à quelques mètres seulement de l'endroit où il a vécu avec Budd. Ce voyage suscite clairement des souvenirs car en novembre 1923, Conan Doyle fait publier un article portant le titre *My First Experiences in Practic* (mes premières expériences de la pratique médicale) dans le *Strand Magazine*. En octobre 1924, une version légèrement modifiée de l'article paraît de nouveau en tant que sixième chapitre de son autobiographie. Dans les deux cas, Conan Doyle utilise le pseudonyme du docteur James Cullingworth pour faire référence à Budd, bien que son ancien ami et associé principal soit mort depuis quelque 35 ans. Parmi les explications évoquées, Conan Doyle aurait adopté cette approche pour protéger la réputation des descendants de Budd. Le présent chapitre vise à fournir davantage de détails sur Budd et la nature de sa relation à Conan Doyle.

De nouveaux amis

Budd naît le 3 novembre 1855 au 28 Park Street, Clifton, à Bristol (aujourd'hui la librairie Blackwell's au 89 Park

Street). Il est l'un des neuf enfants d'un médecin réputé, le docteur William Budd, et de Caroline née Hilton. George Turnavine et son frère aîné Arthur (14 octobre 1853 – 27 août 1899) commencent leur scolarité au Clifton College. Le 4 octobre 1872, Arthur est admis au Pembroke College à Cambridge pour se préparer au Tripos[NdT]. Peu après, leur père William Budd développe une pathologie cérébrale chronique dont il ne guérira jamais complètement. En 1877, Arthur obtient son diplôme et retourne quelque temps à Édimbourg où George étudie la médecine.

Ill. 9. Les joueurs de l'Edinburgh Wanderers Rugby Football Club en 1876/1877
(George Turnavine Budd est deuxième en partant de la droite, debout)
COLLECTION PATRICK CASEY

Tout au long de ses études de médecine (1875/1880), Budd joue périodiquement au rugby pour un club écossais, les Edinburgh Wanderers (voir ill. 9). Au cours de la saison 1877/1878, Arthur Budd est également capitaine de l'équipe.

[NdT] Examen pour le diplôme de *bachelor of arts*, l'équivalent de la licence française qui regroupe arts et sciences.

Budd obtient peu après un poste fixe de médecin-assistant à Londres et loue une chambre à un certain Henry Henly au 11 Craven Street, The Strand, Westminster. Durant ce temps, Arthur se rend à Londres et suit des études de médecine au St. Bartholomew's Hospital Medical College. Les deux frères jouent au rugby pour un club local appelé Blackheath (voir ill. 10) entre l'hiver 1878 et le printemps 1879.

Ill. 10. Le Blackeath Rugby Football Club, saison 1877/1878
durant laquelle jouent George Turnavine Budd et Arthur James Budd
COLLECTION PATRICK CASEY

Au cours de l'année 1879, George tombe amoureux de Kate Russell, une jeune pupille de la nation âgée de 17 ans. Elle est pensionnaire d'un orphelinat dirigé par Charles Chapman au 12 Percy Villas, Norwood, Londres. Kate est née en 1862 à Windsor dans le Berkshire et son défunt père était le major Gustavius Russell, officier de l'armée.

Le 21 septembre 1879, Budd épouse Kate, encore mineure, dans un bureau d'état civil de The Strand. La cérémonie est dirigée par John Jeffrey (officier d'état civil) en présence de deux témoins indépendants, Anthony Holt et Charles Greene. Budd prétend être un « ingénieur civil » et Kate déclare avoir 18 ans. Il est intéressant de savoir que l'oncle de Budd, le docteur George Budd, a auparavant épousé une certaine Louisa Matilda Russell (1854) et qu'ils ont vécu à Londres pendant dix ans. Kate Russell est-elle par conséquent déjà liée à la famille Budd ?

En octobre 1879, Budd retourne à Édimbourg avec sa jeune épouse et se lie d'amitié avec Conan Doyle. Ce dernier écrira plus tard que la fuite de Budd avait fait scandale. Il rapporte également que les jeunes mariés avaient choisi leur voyage de noces en recherchant dans le guide des horaires *Bradshaw's Railway Companion* un lieu que ni l'un ni l'autre ne connaissait. Budd aurait tenté de se déguiser en se teignant les cheveux en noir, mais la couleur n'aurait pas pris de façon uniforme, donnant une surprenante impression de « rayures » qui résistera des années. Le jeune couple loue un « petit quatre pièces au-dessus d'une épicerie » à Édimbourg et Conan Doyle doit s'asseoir sur une pile de livres de médecine lorsqu'il leur rend visite dans leur appartement au mobilier rare.

Au cours de la saison de rugby 1879/1880, George Budd suit les traces de son frère Arthur en étant élu capitaine des Edinburgh Wanderers. L'équipe dispute huit rencontres au cours de cette saison et n'en gagne que trois. Il paraît clair que Conan Doyle assiste à certains de ces matchs parce qu'il observe que Budd est « quelque peu handicapé par la furie avec laquelle il joue ». Arthur, parallèlement, a déjà joué à trois reprises au niveau international pour l'Angleterre et jouera encore deux fois. Le dernier match international d'Arthur a lieu le 19 mars 1881 (voir ill. 11), 13 mois seulement avant que George ne s'associe avec Conan Doyle, lequel commente dans son autobiographie les prouesses au rugby des deux frères sans toutefois citer directement leur nom :

> Il [George Turnavine Budd] avait les capacités de poursuivre une carrière internationale et son frère cadet [sic] fut estimé par les connaisseurs comme ayant été l'un des meilleurs avants à avoir revêtu le maillot à la rose de l'Angleterre.

Il est à noter que Conan Doyle confond ici l'âge des frères Budd, ce qui s'explique peut-être par le fait que ces lignes seront écrites environ quarante ans après sa première rencontre avec George Budd. Arthur Budd est vice-président de la Rugby Football Union entre 1886 et 1888 puis président de 1888 à 1890. Il participe plus tard à la création de la London Society of Referees (association des arbitres de Londres) et en devient le tout premier secrétaire. En 1897, il co-signe avec notamment Bertram Fletcher Robinson un livre intitulé *Football* pour les Suffolk Sporting Series (voir chapitre III). Cette collaboration est probablement à l'initiative d'un autre joueur des Blackheath, Percy Holden Illingworth, colocataire de Fletcher Robinson et plus tard témoin de son mariage.

Le 9 janvier 1880, William Budd, âgé de 68 ans, meurt des complications de la pathologie cérébrale dont il souffre depuis 1873. Sa veuve Caroline May Budd quitte peu après le sud-ouest du pays pour résider auprès de son fils aîné, Arthur Budd, au 32 Charlesville Road à Fulham. Arthur est alors employé comme avocat, ce qui indique qu'il a renoncé à ses études de médecine.

Durant le mois d'août 1880, George Turnavine Budd achève son diplôme de *bachelor's degree in medicine*, avec mention très bien, ainsi que son *masters degree in surgery* de l'université d'Édimbourg. Il décide de s'installer à Bristol pour reprendre le cabinet de son père, autrefois prospère. Malheureusement, la longue maladie de William a nécessité de fréquents séjours de convalescence en France, en Suisse et dans les comtés ruraux d'Angleterre. C'est probablement ce pour quoi Budd estime que les affaires ne marchent plus assez bien pour être relancées. Il se retrouve rapidement très endetté. De façon ironique, un centre médical, le William Budd Health Centre a ouvert ses portes à Knowle West, Bristol, en 1965 et constitue aujourd'hui l'un des plus grands cabinets de la région.

Autour de mars 1881, Budd envoie à Conan Doyle un télégramme de Bristol, l'implorant de lui venir en aide et de lui donner des conseils. Conan Doyle travaille à l'époque comme médecin-assistant du docteur Reginald Hoare à Birmingham mais cela ne l'empêche pas de se rendre dans le sud-ouest du pays pour aider son ami. Il conseille à Budd de rencontrer ses créanciers, de leur expliquer ses difficultés et de leur offrir de rembourser une fois qu'il aura ouvert ailleurs un autre cabinet, ce que fait Budd. Soit les créanciers croient Budd, soit sa famille, aisée, lui vient en aide car le 3 avril 1881, il tient apparemment un cabinet à East Stonehouse près de Plymouth.

Ill. 11. L'équipe de rugby d'Angleterre, qui joue contre l'Écosse le 19 mars 1881
Arthur Budd, qui porte ce « maillot à la rose brodée » est le troisième homme
debout en partant de la gauche
COLLECTION PATRICK CASEY

Le partenariat médical

En juin 1881, Budd ouvre un cabinet à son domicile du 1
Durnford Street à East Stonehouse. L'hiver suivant, Kate
donne naissance à une fille, Margaret. Budd loue environ à la
même époque également une remise adjacente ainsi que des
écuries au 10 Barrack Place. Jusqu'à récemment, une plaque
commémorative marquait l'emplacement de son cabinet. Elle
a été volée en 2003 (voir ill. 12).

Ill. 12. Plaque qui marquait l'emplacement du 1 Durnford Street

Cette plaque exagère la durée du lien entretenu par Conan Doyle avec le cabinet et l'importance de son séjour dans le Devon pour *The Hound of the Baskervilles*, qu'il rédigera par la suite. Il est toutefois intéressant de noter que dans cette dernière aventure, Sherlock Holmes fait référence à un journal du nom de *Western Morning News*. Conan Doyle a de façon quasi certaine lu un journal régional portant ce même nom au cours des sept semaines durant lesquelles il s'est associé à Budd à East Stonehouse en 1882.

Le déménagement à Durnford Street semble marquer un revirement de fortune pour Budd. En effet, les registres indiquent qu'il acquiert une troisième propriété connue sous le nom de Higher Luxmore à Higher Leigham (près d'Eggbuckland en banlieue de Plymouth) le 16 novembre 1881. Budd consent à payer un loyer annuel de 50 livres sur une période de trois ans pour cette propriété constituée d'une grande maison, d'une écurie, d'une remise et d'un pré d'une superficie dépassant les trois acres. La location doit commencer le 25 décembre 1881 mais on ne sait pas si Budd résidera effectivement à cette adresse. Quoi qu'il en soit, durant le printemps 1882, il envoie à Conan Doyle le télégramme suivant :

> Ai commencé ici en juin dernier. Succès colossal. Viens par le prochain train si possible. Beaucoup de place pour toi. Splendide ouverture.

Budd attend clairement une réponse immédiate à ce message car il en envoie rapidement un second télégramme plus pressant à Conan Doyle :

> J'ai vu trente mille patients l'année dernière. Mes recettes actuelles dépassent quatre mille livres. Tous les patients viennent me voir. Je ne traverserais pas la rue pour voir la reine Victoria. Tu pourras avoir toutes les visites, tout le cabinet, toute l'obstétrique. Fais-en ce que tu veux. Te garantira trois mille livres la première année.

Conan Doyle est réticent à l'idée d'abandonner son travail à Birmingham mais se sent obligé d'essayer. Il se rend à Plymouth en train à la fin du printemps 1882. C'est un Budd exubérant qui l'accueille à la gare dans une imposante voiture. Le contraste avec l'accueil reçu à Bristol quatorze mois environ auparavant est certainement saisissant pour Conan Doyle.

Il est conduit de la gare de Plymouth à la résidence des Budd au 6 Elliot Terrace, Plymouth Hoe. Budd a manifestement loué cette quatrième propriété entre le 16 novembre 1881 et la fin du printemps 1882 pour y emménager avec sa famille. Conan Doyle est effectivement impressionné par cette imposante demeure victorienne de six niveaux. En inspectant de plus près toutefois, il découvre que le somptueux mobilier est confiné au premier étage et que le reste n'est pas meublé. Budd fait croire à Conan Doyle qu'il possède toute la propriété et qu'il va la rénover un jour. Les registres ont depuis révélé que Budd avait simplement partagé la location avec le Royal Western Yacht Club et le Grand Hotel, situés à proximité. Lorsque Conan Doyle est emmené dans sa chambre, il n'y trouve qu'un lit et une malle sur laquelle est posé un lavabo. Budd plante quelques clous au mur afin que son ami puisse y suspendre ses vêtements.

Conan Doyle se souvient dans son autobiographie d'un étrange incident survenu un soir après le dîner. Budd lui demande de maintenir en l'air un petit objet et là dessus, tire une fléchette avec un fusil à air comprimé. Il s'exclame triomphant qu'il a touché le centre du plomb, ce que Conan Doyle objecte, montrant son doigt planté de la fléchette comme preuve. Budd se montre tellement contrit que Conan Doyle doit clore l'incident d'une plaisanterie. Examinant ce qu'il pense être une pièce de monnaie, il découvre une médaille portant l'inscription suivante :

> Cadeau à George Budd pour avoir sauvé la vie
> avec bravoure, janvier 1879.

Conan Doyle interroge Budd qui lui répond que la médaille lui a été remise pour avoir sauvé de la noyade un garçon. Conan Doyle s'apprête à se montrer impressionné mais Budd écarte le sujet d'un ton dégagé. Il rétorque à Conan Doyle que n'importe qui peut sortir un enfant de l'eau mais que la partie la plus délicate est de l'y faire entrer. Il ajoute également :

> Et puis il y avait des témoins. Il a fallu que je leur donne quatre shillings par jour et un litre de bière le soir. Vois-tu, tu ne peux pas simplement prendre un enfant dans tes bras, l'emmener jusqu'au bout de la jetée et le mettre à l'eau. Cela créerait toutes sortes de complications avec les parents.

Plus tard, la jeune Kate Budd demande à Conan Doyle de ne pas prêter grande attention à la bravoure de son époux. Elle maintient le fait que la médaille a réellement été remise à Budd pour avoir sauvé un petit garçon de l'eau glacée au péril de sa vie.

Budd suggère à une autre occasion qu'Arthur et lui sortent un nouveau journal qu'ils appelleraient *Scorpion* afin de « piquer » la municipalité de Plymouth. Il propose que Conan Doyle écrive une nouvelle qui paraîtrait en feuilleton, et que lui-même se charge du commentaire politique. Le maire de Plymouth est à l'époque John Shelley. Les raisons pour lesquelles Budd souhaite critiquer publiquement le maire ainsi que d'autres fonctionnaires municipaux ne sont pas claires.

Conan Doyle est également effaré par la situation qui l'attend au 1 Durnford Street et au 10 Barrack Place. Les deux propriétés débordent de patients qui attendent, parmi lesquels certainement beaucoup d'anciens patients de l'oncle de Budd, le docteur John Wreford Budd dont le cabinet du tout proche 5 Princess Square était très fréquenté jusqu'à sa mort en 1873. Il ne faut pas sous-estimer l'influence dont bénéficie la famille Budd dans le milieu médical à l'époque. Un jeune docteur qui a plusieurs fois tenté en vain de s'installer à Devon remarque qu'il faut être un « Buddiste » pour prospérer dans le comté. Le grand-père de Budd et plusieurs oncles ont également travaillé en tant que médecins à Exeter et North Tawton (ville située à plusieurs kilomètres au nord-est d'Okehampton).

Conan Doyle observe que Budd n'a pas perdu de temps à malmener ses patients. Un jour, Budd refuse de traiter un patient obèse parce qu'il mange et boit trop. Il conseille alors à l'homme de jeter à terre un policier, d'aller en prison et de revenir après avoir purgé sa peine si, chose peu probable, il a encore besoin de maigrir. Une autre fois, une femme le consulte parce qu'elle a l'impression de sombrer (dans la dépression). Il lui suggère d'essayer de boire un verre de vin par jour puis d'avaler le bouchon en liège parce qu'il « n'y a rien de mieux que le liège lorsqu'on sombre ». Conan Doyle se fait la réflexion que la scène est digne d'un pantomime.

Il est également surpris par l'écriteau placé sur la porte du cabinet qui indique que les consultations sont gratuites. Il demande à Budd comment il parvient ainsi à gagner de l'argent. Celui-ci lui répond que si les consultations sont gratuites, les médicaments ne le sont en revanche pas. Apparemment, Budd prescrit généreusement des médicaments le plus souvent préparés et délivrés sur place par Kate Budd.

Budd fournit à Conan Doyle une salle de consultation et lui promet toutes les visites à domicile ainsi que la chirurgie. Après trois semaines d'exercice, Conan Doyle n'a cependant gagné que 53 shillings (2 livres, 12 shillings et 12 pence) et doute pouvoir vivre de cette activité. Budd insinue qu'il est trop timide et que les patients veulent être bousculés par leur médecin. Cette approche thérapeutique n'est quoi qu'il en soit pas du goût de Conan Doyle.

La séparation et ses conséquences

Budd doit probablement encore de l'argent à ses créanciers de Bristol. Il a de plus ce nouvel associé, Conan Doyle, et détient quatre baux sur les propriétés de Durnford Street, Barrack Place, Higher Leigham et Elliot Terrace. Le stress de ces engagements à cercle vicieux ébranle sa santé mentale et, dans un accès de paranoïa et de déni, il accuse Conan Doyle de l'entraîner dans la faillite. Conan Doyle trouve cela terriblement injuste et propose de partir, mais Budd tombe malade et il reste donc pour se charger du cabinet. Budd se montre reconnaissant et offre à Conan Doyle d'ouvrir son propre cabinet ailleurs. Cependant, sans que Conan Doyle ne le sache, les Budd interceptent régulièrement des lettres que sa mère Mary Doyle lui adresse. Par intuition ou sagesse, Mary exprime l'idée que Budd est un escroc et une canaille en faillite. Budd ne lit pas les réponses défensives que Conan Doyle adresse à sa mère et conclut à tort qu'il partage son opinion. Il élabore ensuite un complot pour retourner la situation vis-à-vis de Conan Doyle en offrant de lui envoyer de l'argent puis en cessant de le faire, de sorte que Conan Doyle ne puisse plus honorer ses dettes et se retrouve lui-même en situation de faillite. Au cours du mois de juin 1882, Conan Doyle, sans méfiance, ouvre son propre cabinet et « part faire de la prospection à Tavistock dans le Devon, sans trouver d'endroit approprié », avant finalement de décider de s'embarquer sur un bateau à vapeur pour Portsmouth qui accoste apparemment autour du 24 juin.

Ainsi, le 1er juillet 1882, Conan Doyle ouvre un cabinet au 2 Bush Villas à Southsea dans le Hampshire. Budd lui écrit, l'accusant d'avoir écrit des commentaires blessants à sa mère. Il déclare avoir lu quelques lignes d'une lettre restée ouverte et trouvée par Kate dans la chambre qu'il occupait. Conan Doyle a justement dans sa poche la lettre à laquelle Budd fait référence lorsqu'il lit la missive de son ancien associé. Budd cesse alors toute aide financière à Conan Doyle. Bien que ce dernier trouve difficile de bien vivre d'une activité de médecin à Southsea et plus tard Londres, ses difficultés financières ne résultent pas des intentions retorses de Budd. D'une certaine façon, les problèmes de Conan Doyle sont une chance car il se tourne alors de plus en plus vers l'écriture pour arrondir ses revenus.

Après cette séparation, les finances de Budd vont de mal en pis. Le 29 septembre 1882, il cède le bail de Higher Luxmore et doit payer une compensation de 38 livres à son propriétaire, un fermier du nom de Benjamin Butland de Leigham Barton, Eggbuckland. En 1885, Budd se dessaisit également du bail de ses chambres du 6 Elliot Terrace. Il est alors contraint de retourner au 1 Durnford Street avec sa famille, qui s'aggrandit. Ces événements sont certainement une grande source d'embarras pour un homme qui ne manquait pas de traverser le quartier professionnel de Plymouth en se cramponnant avec ostentation à sa recette du jour devant ses confrères. Le dramatique revirement de situation découle sans doute de dettes accumulées et d'un cabinet en perte de vitesse. La baisse du nombre de patients est probablement due à ses pratiques associant consultations gratuites et prescription considérable de médicaments. Budd a été critiqué par le coroner local à plus d'une occasion pour son manque de prise en compte des effets secondaires des médicaments. Il n'a toutefois jamais fait l'objet de plainte.

Sa vie personnelle n'est pas plus positive. Durant les quelque huit ans passés avec Kate dans la région de Plymouth, il a cinq enfants : Margaret (née au dernier trimestre de l'année 1881), Iolanthe (premier trimestre 1884), Kate (28 novembre 1885), Mildred (7 juin 1887) et William (30 avril 1888). La petite Kate décède de « congestion pulmonaire » une heure seulement après sa naissance, et William (qui porte le nom de son grand-père) meurt à cinq jours de « débilité congénitale ». Budd atteste tant la naissance que la mort de son unique fils. Son affliction est indiscutable. William Budd est enterré le 6 mai 1888 au cimetière Ford Park Cemetery, Mutley, à Plymouth. À la même époque environ, Budd aurait acquis la conviction qu'on cherchait à l'empoisonner. Il prend par conséquent souvent ses repas entouré d'appareils compliqués destinés à tester ses aliments avant leur consommation.

En janvier 1889, huit mois seulement après la mort de William, Budd, alors âgé de 33 ans, écrit ses dernières volontés et son testament. L'acte est authentifié par un notaire local et son clerc, John G. Hellard et John Howard. Les deux hommes sont employés par l'entreprise Bewes, Hellard & Bewes à East Stonehouse. Le 11 février 1888, Kate paie six livres au Ford Park Cemetery de Plymouth pour acquérir la concession de l'emplacement où son fils est enterré. Budd meurt le 28 février 1889. Les événements qui précèdent suggèrent qu'il était invalide, dans l'incapacité de travailler, et que sa mort a été anticipée.

La mort de Budd est attestée par le docteur Henry Green (117 Edith Road, West Kensington, Londres), diplômé du Queen's

College à Birmingham en 1856 et membre de la Society of Apothecaries (société des pharmaciens). La nature précise de la relation entre Budd et le docteur Green n'est pas connue. La cause officielle de la mort fait mention de « *morbus cerebri* » (pathologie cérébrale). Il est à noter qu'aussi bien le père de Budd (William) que son frère (Arthur) sont également morts de pathologie cérébrale, à l'âge de 68 ans pour le premier et 45 ans pour le second. En 1995, le docteur David Nigel Pearce, médecin à Torquay, a suggéré que la démence de Budd était liée à une tumeur cérébrale (méningiome) ou plus probablement à la neurosyphilis (une infection sexuellement transmissible). Son état en fin de vie pourrait en partie expliquer son apparence saisissante, ses violentes sautes d'humeur ainsi que ses accès de paranoïa et de dépression.

Budd est enterré dans la même tombe que son fils récemment décédé. De récents travaux de conservation effectués par les employés du cimetière conjointement avec les auteurs du présent ouvrage ont révélé que la tombe contenait un cadre funéraire affaissé. La bordure de ce cadre est composée de sable, de ciment, d'ardoise et de tuiles de céramique similaires à celles utilisées pour la fabrication des cheminées victoriennes. Le personnel du cimetière en a conclu que le monument avait probablement était fait maison, ce qui étaie la thèse selon laquelle Budd souffrait d'une affection chronique l'ayant empêché d'avoir des revenus avant sa mort.

Le 2 mars 1889, la mort de Budd est annoncée dans le *Western Morning News*. Le 4 mars 1889, elle est annoncée dans le *Times*. Une brève nécrologie paraît le 16 mars dans le *British Medical Journal*. Elle rappelle que Budd avait écrit trois articles pour le journal, *On Amyloid Degeneration* (la dégénérescence amyloïde), *The Nature of Rheumatic Symptoms* (la nature des symptômes rhumatismaux) et *Position of White Corpuscles* (la position des corpuscules blancs). La même nécrologie rapporte que Budd a également contribué au *Lancet* et qu'une femme et quatre enfants lui survivent. D'autres registres révèlent toutefois qu'il ne reste que trois enfants après le décès du père.

Budd avait stipulé qu'un ami du nom de William Chilcott devait agir en tant que l'un de ses deux exécuteurs testamentaires. Chilcott est « ingénieur naval en chef » sur le chantier de Sa Majesté à Devonport. Il pourrait avoir aidé Budd à formuler plusieurs idées d'inventions qui ont toutes été rejetées par le bureau local de la Marine. Ces plans incluaient la fourniture d'armures pour les soldats éclaireurs et des dispositifs magnétiques pour faire dévier les boulets de canon des navires. L'autre exécuteur testamentaire est l'oncle avocat de Budd à Bristol, Francis Nonus Budd. Ce dernier renonce toutefois à sa responsabilité, peut-être en raison du caractère scandaleux du mariage de son neveu.

Les biens de Budd sont par la suite estimés à 565 livres, 5 shillings et 0 penny bruts et 186 livres, 18 shillings et 1 penny nets. L'important écart entre les deux sommes laisse à penser que Budd devait encore énormément d'argent à ses créanciers et qu'il est bien mort dans la gêne. Kate Budd est nommée seule bénéficiaire des biens.

Après la mort de Budd, Kate et ses trois filles Margaret, Iolanthe et Mildred restent au 1 Durnford Street avec un certain docteur William E. Corbett. Le guide des rues *Plymouth, Devonport and Stonehouse Street Directory* indique que le docteur Corbett a exercé la médecine à cette adresse jusqu'en 1899 environ. Il est élu deux fois président du conseil des districts urbains (*urban district council*) d'East Stonehouse (1902-1904 et 1913-1914) et supervise la fusion d'East Stonehouse avec Plymouth le 1er novembre 1914. Les mêmes registres révèlent que Kate et ses filles quittent Durnford Street entre 1892 et 1893. On ignore où elles vont alors, mais le recensement anglais de 1901 mentionne une veuve de 39 ans originaire du Berkshire portant le nom de Kate Budd et résidant au 1 Douglas Road à Lewisham. Il est inscrit qu'elle « vit de ses propres moyens » avec deux filles nées à Plymouth, Margaret et Mildred, âgées respectivement de 19 et 13 ans. On ignore ce qu'il est advenu d'Iolanthe Budd, âgée de 15 ans.

Le défi de l'héritage

Budd semble avoir profondément marqué Conan Doyle, et il apparaît dans deux de ses oeuvres, à peine déguisé sous les traits du docteur James Cullingworth. Le premier ouvrage est *The Stark Munro Letters*, publié aux éditions Longmans, Green and Co. Ltd. en 1895. Le second est l'autobiographie de Conan Doyle, *Memories and Adventures,* déjà mentionnée plus haut. Dans cette dernière, voici comment est décrit Cullingworth :

> Il mesurait de sa personne environ 5 pieds 6 pouces, était parfaitement bâti, avec une mâchoire de bouledogue, des yeux enfoncés injectés de sang, des sourcils en saillie et foisonnant au-dessus, des cheveux jaunâtres aussi raides que du fil métallique. C'était un homme né pour les ennuis et l'aventure…

Sur la piste d'Arthur Conan Doyle

En 1912, Conan Doyle publie *The Lost World* qui met en scène le professeur George Challenger (voir ill. 13), personnage plus vrai que nature. Il est largement considéré que Challenger a été inspiré du professeur Rutherford, lequel a enseigné à Budd et à Conan Doyle à l'université d'Édimbourg. Le héros et narrateur du livre, Edward G. Malone, décrit ainsi sa première rencontre avec Challenger[NdT] :

> Son aspect me coupa le souffle. J'étais préparé à quelque chose d'étrange, mais non point à une personnalité aussi formidable. Il vous impressionnait par sa taille, par sa prestance, par l'énormité de sa tête, la plus grande que j'eusse jamais vue sur un corps humain ; son chapeau, si je m'étais avisé de l'essayer, me fût descendu aux épaules ! Il avait une de ces figures qui pour moi s'associent à l'idée d'un taureau assyrien ; toute rouge, avec une barbe d'un noir presque bleu qui lui roulait en ondes sur la poitrine. Ses cheveux, très particuliers, projetaient sur son front massif un long bandeau lisse. Ses yeux gris-bleu, très clairs sous de grosses touffes sombres, avaient une acuité pénétrante et impérieuse. De vastes épaules, un torse renflé comme un tonneau, des mains de colosse plantées d'un poil dru, c'était ce qui m'apparaissait encore de lui par-dessus la table.

En dépit des différences physiques évidentes entre le professeur Challenger et le docteur Cullingworth, il est

---

[NdT] Doyle, Arthur Conan, Le Monde perdu (trad. L. Labat), éd. Magnard, p 32 intéressant de noter que les deux personnages partagent certains traits de personnalité. Ainsi, Challenger a une voix « mugissante » et il est très franc dans ses rapports aux autres. De la même façon, Cullingworth est manifestement enclin à intimider ses patients en leur proférant des injures. Aussi bien l'un que l'autre peut être perçu comme un égotiste scientifique doué pour concevoir des gadgets innovants et ingénieux. C'est pourquoi il est possible que Conan Doyle se soit inspiré de Budd et de Rutherford pour le personnage de Challenger.

Conan Doyle fait paraître trois nouvelles du professeur Challenger : *The Lost World* (en 1912), *The Poison Belt* (1913) et *The Land of Mist* (1925). Les trois nouvelles sont au départ publiées en feuilleton dans le *Strand Magazine*, respectivement entre avril et novembre 1912, mars et juillet 1913 et juillet 1925 à mars 1926. Elles sont suivies de deux autres nouvelles portant le titre *When the World Screamed* (Quand la terre hurla) et *The Disintegration Machine* (La Machine à désintégrer), parues également pour la première fois dans le *Strand Magazine* entre avril et mai 1928 pour la première, et en janvier 1928 pour la seconde. Ces deux histoires sont de nouveau publiées en juillet 1929 dans *The Maracot Deep and Other Stories*.

Au moins sept longs métrages et une série télévisée ont mis en vedette le personnage du professeur Challenger. Le premier de ces films est The Lost World, produit en 1925, avec Wallace Beery dans le rôle du professeur Challenger. Le dernier en date est intitulé King of the Lost World. Il est en sorti en 2005, Bruce Boxleitner interprétant Challenger. L'héritage de Budd persiste peut-être sous certains des traits ainsi qu'au travers du prénom du professeur.

Ill. 13. *The Lost World* par Arthur Conan Doyle
(Henry Frowde, Hodder and Stoughton, Londres, 1914)

CHAPITRE III

Bertram Fletcher Robinson
(22 août 1870 - 21 janvier 1907)

Ill. 14. Cambridge University Rugby Union Football Team 1893/1894
Équipe dans laquelle joue Bertram Fletcher Robinson
(assis, 2ème en partant de la droite)
AVEC L'AIMABLE AUTORISATION DE LA COLLECTION PATRICK CASEY

Introduction

Bertram Fletcher Robinson (ci-après Robinson) est un personnage remarquable. Le plus grand souvenir qu'on ait de lui est peut-être l'aide qu'il a apportée à Conan Doyle pour l'intrigue générale et les détails locaux de la plus célèbre des œuvres de ce dernier, *The Hound of the Baskervilles* (1902). Mais pourquoi Conan Doyle, écrivain à succès âgé de 42 ans, choisit-il Robinson, journaliste de 30 ans à priori inconnu, pour l'assister dans la conception de l'un de ses héritages littéraires les plus fameux ?

Robinson fait à vrai dire une excellente affaire lorsqu'il se lie d'amitié avec Conan Doyle à bord du paquebot *S.S. Briton* en juillet 1900. Il est scolarisé au Newton Abbot Proprietary College, dans le Devon, entre 1882 et1890, et y remporte des prix en texte sacré, anglais et histoire (l'école est intégrée au Kelly College de Tavistock en 1940). Alors qu'il est étudiant au Newton College, Robinson est aussi rédacteur en chef du magazine de l'école, le *Newtonian* (1887-1889). Entre 1890 et 1894, il étudie à l'université de Cambridge. Il est alors sélectionné pour faire partie des équipes de rugby et d'aviron du Jesus College. Il reçoit à trois reprises le titre de « Blue »[NdT] en rugby de l'université de Cambridge (voir ill. 14). Il aurait également joué pour l'Angleterre s'il n'avait été victime d'un accident. Au cours de l'année 1893, il est nommé rédacteur en chef adjoint d'un magazine étudiant, le *Granta,* et obtient un diplôme d'histoire. L'année suivante, il est de justesse sélectionné pour la course annuelle *Oxford and*

[NdT] Récompense décernée aux étudiants ayant disputé des rencontres sportives universitaires de haut niveau, dont au moins une contre l'université d'Oxford.

Cambridge Boat Race[NdT] et obtient un diplôme de droit. Le 17 juin 1896, il accepte une invitation à rejoindre le barreau à l'Inner Temple[NdT] et devient ainsi avocat. Au cours de l'année 1897, il commence à écrire régulièrement pour le *Cassell's Family Magazine* (qui deviendra plus tard le *Cassell's Magazine*) et obtient également un *Master of Arts degree* (maîtrise en lettres) de sa faculté.

Au début de l'année 1900, Robinson est engagé par Cyril Arthur Pearson pour travailler comme journaliste au magazine *Daily Express* en Afrique du Sud. Le 4 juillet 1900, il envoie son premier reportage signé, intitulé *Capetown for Empire* (Le Cap pour un empire) qui est publié le 4 mai 1900. Entre le 18 février 1893 et le 30 juin 1900, Robinson écrit 19 poèmes, un poème lyrique, une courte pièce de théâtre, 25 longs articles, une nouvelle et 13 reportages signés. Il écrit également un livre, co-écrit trois ouvrages et fait publier sept livres pour les collections de l'Isthmian Library sur les sports et les loisirs.

Peu après son retour en Angleterre le 28 juillet 1900, Robinson est promu rédacteur en chef du *Daily Express*. Au cours de l'année 1904, il se met à rédiger une série de huit nouvelles qui deviendront plus tard des chapitres du livre *The Chronicles of Addington Peace* (les chroniques d'Addington Peace). Ce livre est listé dans *Queen's Quorum* parmi les 106 (plus tard 125) meilleures nouvelles policières jamais publiées. En 1905, Robinson est le rédacteur en chef attitré d'un hebdomadaire influent, *Vanity Fair*. Au début de l'année 1906, il est inscrit sur la liste des candidats parlementaires

---

[NdT] Course durant laquelle les équipes d'aviron de l'université de Cambridge et de celle d'Oxford s'affrontent sur la Tamise.
[NdT] L'une des quatre écoles de droit de Londres.

potentiels du parti libéral pour la circonscription de Mid-Devon. En novembre 1906, Robinson est rédacteur en chef attitré d'un hebdomadaire illustré du nom de *The World – A Journal for Men and Women*, géré par Max Pemberton et appartenant à lord Northcliffe (Alfred Harmsworth).

Le lundi 21 janvier 1907, il meurt de complications d'une tiphoïde (péritonite) contractée le mois précédent alors qu'il était au salon automobile de Paris. Il est enterré à St. Andrew's Church à Ipplepen le jeudi 24 janvier 1907 et une messe du souvenir est simultanément dite pour lui à l'église St. Clement Danes Church, The Strand, Londres. Parmi les nombreuses personnes endeuillées par la mort de Robinson, dix amis ont été ou seront faits chevaliers au cours de leur vie.

Robinson a écrit ou co-écrit trois livres, cinq poèmes, trois poèmes lyriques, huit courtes pièces de théâtre (dont quatre avec P. G. Wodehouse), 19 longs articles, 54 nouvelles et 115 reportages signés durant les six ans et demi séparant son départ pour Le Cap de sa mort. Il a également fait paraître un autre livre pour l'Isthmian Library et écrit un article pour une anthologie de douze nouvelles intitulée *Great Short Stories: Volume 1 Detective Stories* en 1906 (Conan Doyle écrit également deux nouvelles pour le même ouvrage). En outre, Robinson contribue à l'intrigue de trois autres histoires, deux aventures de Sherlock Holmes écrites par Conan Doyle (voir ci-dessous) et une histoire portant le nom de *Wheels of Anarchy* (les rouages de l'anarchie), écrite par Max Pemberton (1908)

The Hound of the Baskervilles

Le 11 juillet 1900, Robinson et Doyle quittent ensemble Le Cap pour l'Angleterre à bord du paquebot *S.S. Briton* (voir ill. 15). Les deux hommes dînent à la même table et sont photographiés ensemble peu avant l'accostage du bateau à Southampton le 28 juillet (voir ill. 16). Conan Doyle écrit dans son autobiographie que son amitié pour Robinson s'est consolidée au cours de ce voyage. Cette indication laisse entendre que les deux hommes se sont déjà rencontrés, probablement au Reform Club à Londres, dont ils faisaient tous deux partie. Conan Doyle se souvient également que durant le voyage, un sous-officier de l'armée française, Roger Raoul Duval, accuse les Britanniques d'utiliser des balles dum-dum pendant la guerre des Boers. Conan Doyle réagit avec colère à cette allégation et Robinson aide les deux hommes à se réconcilier. Un ami de Robinson, Harold Gaye Michelmore (voir ill. 17), avocat et coroner du Devon lui aussi ancien du Newton College, écrira plus tard dans une lettre publiée dans le *Western Morning News* que durant ce voyage,

> ...Fletcher Robinson confia à Doyle l'intrigue de l'histoire qu'il comptait écrire sur Dartmoor, et Conan Doyle fut si intrigué qu'il demanda à Fletcher Robinson s'il voyait une objection à ce qu'ils l'écrivent ensemble.

Il faut rappeler qu'au cours du même voyage, Fletcher Robinson demanda à Conan Doyle s'il avait déjà pensé à la facilité avec laquelle on pouvait impliquer un homme dans un assassinat en parvenant à obtenir son empreinte digitale en cire afin de la reproduire avec du sang sur un mur ou tout autre endroit proche de la scène du crime.

L'idée plut énormément à Conan Doyle qui demanda à Fletcher Robinson s'il avait l'intention de l'utiliser pour son travail littéraire. Fletcher Robinson répondit « pas dans l'immédiat » et Conan Doyle lui offra alors 50 livres pour l'idée, ce qu'accepta Fletcher Robinson. Conan Doyle intégra l'idée dans l'un de ses Sherlock Holmes paru peu après.

Il semble ainsi que Robinson et Doyle se mettent d'accord pour co-écrire une histoire se déroulant à Dartmoor durant leur voyage à bord du *S.S. Briton*. Toutefois, il est peu probable que l'histoire ressemble à *The Hound of the Baskervilles*. L'idée à laquelle fait référence Michelmore est peut-être l'une des deux histoires situées à Dartmoor que Robinson publie après la parution de nombreuses versions *The Hound of the Baskervilles* (1901/1902). La première de ces deux histoires est un conte intitulé *The Battle of Fingle's Bridge* (la bataille de Fingle's Bridge), publié au mois de mai 1903 dans *Pearson's Magazine* (vol. 15, p. 530-536). La seconde est une nouvelle portant le titre *The Mystery of Thomas Hearne* (le mystère de Thomas Hearne) et constituant le cinquième chapitre d'un livre de Robinson paru en 1905, *The Chronicles of Addington Peace* (Londres, Harper & Brother). Conan Doyle utilise par la suite l'idée de Robinson concernant les empreintes digitales dans une nouvelle de Sherlock Holmes, *The Adventure of the Norwood Builder* (L'Entrepreneur de Norwood), publiée pour la première fois dans *Collier's Weekly Magazine* (1903).

Ill. 15 (ci-dessus). Le *S.S. Briton*
AVEC L'AIMABLE AUTORISATION DE
LA COLLECTION TOPFOTO

Ill. 16 (à gauche). Robinson (assis, au
centre) et Conan Doyle (debout, au centre)
à bord du *S.S. Briton* en juillet 1900

Le jeudi 25 avril 1901, Robinson visite la demeure d'un ami auteur, Max Pemberton (voir ill. 18). Pemberton a déjà publié le premier livre de Robinson, *Rugby Football,* et l'a ainsi mandaté d'écrire divers articles dans le *Cassell's Family Magazine* et le *Cassell's Magazine.* Au cours du dîner, Pemberton raconte à Robinson une histoire qui rappelle dans une certaine mesure la légende relatée dans *The Hound of the Baskervilles.* Sir Max Pemberton rapportera plus tard les détails pertinents ci-après dans un entretien publié dans le quotidien londonien *Evening News* :

> Feu Fletcher Robinson, qui collabora à l'histoire avec Doyle, dînait dans ma demeure de Hampstead un soir lorsque nous nous mîmes à parler des chiens fantômes. Je racontai à mon ami l'histoire d'un certain Jimmy Farman, responsable des marais du Norfolk, qui jurait qu'il y avait un chien fantôme dans les marécages situés près de Saint Olives [aujourd'hui Saint Olaves, près de Great

Yarmouth, dans le Norfolk], que sa chienne avait rencontré la bête plus d'une fois et qu'elle en était terrifiée. « un grand chien noir, que c'était », racontait Jimmy, « avec des yeux qui ressemblaient à des phares de locomotive. Il a croisé mon chemin là-bas dans le fossé et ma vieille chienne en est presque morte de peur… À coup sûr, elle a vu quelque chose que je ne voyais pas… »

Fletcher Robinson m'assura qu'une douzaine de personnes vivant à la lisière de Dartmoor avait vu un chien fantôme et que mettre en doute son existence serait une hérésie locale. Tous racontaient quoi qu'il en soit que la bête était un énorme retriever noir charbon avec des yeux aussi étincelants que le feu.

Fletcher Robinson avait toujours été amateur de paranormal et s'enthousiasma du phénomène. Il se montra en effet quelque peu surpris qu'aucun romancier n'ait écrit sur le sujet. Trois nuits plus tard, Fletcher Robinson dînait avec sir [sic] Arthur. La discussion qui avait eu lieu chez moi était encore très fraîche dans sa mémoire et il raconta à Doyle ce que je lui avais dit, insistant sur le fait que ce responsable des marais était aussi certain de l'existence du chien fantôme que de la sienne. Finalement, Fletcher Robinson proposa qu'ils écrivent tous deux l'histoire, ce à quoi sir [sic] Arthur consentit. »

Le dîner que mentionne Pemberton a lieu le dimanche 28 avril 1901 au Royal Links Hotel à Cromer, dans le Norfolk. Conan Doyle se rétablit à cette époque encore d'une récente rechute de typhoïde et a manifestement l'intention de passer un week-end de golf thérapeutique avec Robinson (vendredi 26 à lundi 29 avril). Il est cependant peu probable que les deux amis jouent beaucoup au golf ce week-end-là car les registres météorologiques font état d'un temps couvert, humide, froid et venteux (la température moyenne en journée est de 7°C et le vent de 20,7 miles par heure). Néanmoins, une entrée dans la comptabilité de Conan Doyle révèle qu'il a payé 6 livres le mardi 30 avril au Royal Links Hotel. L'hebdomadaire *Cromer & North Walsham Post* rapporte en outre le samedi 4 mai 1901 que Conan Doyle a peu de temps auparavant effectué « un bref séjour au Golf Links Hotel ». Par la suite, un journaliste du nom de J. E. Hodder Williams, qui écrit la version britannique du périodique *The Bookman*, relatera que durant son voyage à Cromer, Robinson avait :

> …mentionné dans la conversation une légende du pays qui exalta l'imagination de Doyle. Les deux hommes commençèrent à échaffauder une succession d'événements et en quelques heures seulement, l'intrigue d'une histoire sensationnelle était bâtie. Il fut entendu que Doyle l'écrirait.

La légende réputée avoir exalté l'imagination de Conan Doyle s'avère être celle de Black Shuck, racontée par Pemberton à Robinson au cours du dîner trois jours auparavant. Black Shuck aurait été un gros chien solitaire aux yeux étincelants, errant sur la côte du Norfolk. Certaines histoires disent que Black Shuck montait de la plage de Cromer au tout proche

Cromer Hall par un chemin adjacent au Royal Links Hotel. Alors qu'il se trouve à Cromer, Conan Doyle écrit une lettre à sa mère dans laquelle il indique en note de bas de page :

> Fletcher Robinson est venu ici avec moi et nous nous apprétons à écrire ensemble un petit livre, « *The Hound of the Baskervilles* », à donner véritablement la chair de poule.

Conan Doyle envoie également une deuxième lettre à Herbert Greenhough Smith, le rédacteur en chef du *Strand Magazine*, dans laquelle il décrit une nouvelle fois l'histoire comme étant à « donner véritablement la chair de poule ». Conan Doyle propose l'histoire à Greenhough Smith mais insiste sur un point : « Je dois le faire avec mon ami Robinson et son nom doit apparaître avec le mien ». Il ajoute : « Si nous faisons affaire, je requérrai comme d'habitude mes 50 livres par mille mots pour tous les droits. »

Au début du mois de mai 1901, Conan Doyle décide que le livre nécessite un personnage central dominant et se fait la réflexion suivante : « Pourquoi inventer un tel personnage alors que je le tiens déjà sous les traits de Sherlock Holmes ? » Il contacte de nouveau Greenhough Smith et lui propose une seconde version du même roman, mettant cette fois en scène Sherlock Holmes. Greehough Smith accepte de rétribuer Conan Doyle 100 livres par mille mots pour la version avec Sherlock Holmes.

Ill. 17. Harold Gaye Michelmore
(autour de 1950)
AVEC L'AIMABLE AUTORISATION
DES AVOCATS DE HAROLD MICHELMORE

Ill. 18. Max Pemberton
(autour de 1905)
AVEC L'AIMABLE AUTORISATION
DE LA COLLECTION TOPFOTO

Voyages de recherche à Dartmoor

Au fil des années, la nature de la collaboration littéraire entre Conan Doyle et Robinson ayant abouti à *The Hound of the Baskervilles* a fait couler beaucoup d'encre. Il est généralement admis que les deux hommes ont passé environ une semaine ensemble à explorer la lande de Dartmoor au début de l'été 1901. De nombreux incertitudes et désaccords subsistent toutefois autour des détails précis de la visite. Nul ne sait par exemple si Conan Doyle et Robinson se sont rendus ensemble dans le comté du Devon, nul ne connaît l'endroit où ils ont logé, quelles sont les conséquences de cette visite sur le récit ou encore quelles sont les dates exactes de la visite. De nouvelles informations permettent toutefois désormais d'interpréter sous un nouveau jour ce qui était déjà connu et d'en déduire le compte rendu suivant de leur visite.

Apparemment, peu avant le samedi 25 mai 1901, Robinson effectue un voyage de recherche à Dartmoor avec un ami, le révérend Robert Duins Cooke (voir ill. 19). La météo est globalement très agréable depuis le début du mois (la température journalière moyenne est de 9°C, le vent souffle à 10,5 miles par heure et les précipitations s'élèvent à 0,00433 pouce). Le révérend Cooke est le pasteur de St. Andrew's Church à Ipplepen où le père de Robinson, Joseph Fletcher Robinson (voir ill. 20), a travaillé comme bedeau durant 19 ans. Dans une lettre publiée dans le *Western Morning News*, le révérend Henry Cooke rapporte ce qui suit :

> Monsieur – Permettez-moi d'ajouter des éléments à l'intéressante lettre de M. H. G. Michelmore sur *The Hound of the Baskervilles*. Mon père, le prébendier R. D. Cooke, était pasteur d'Ipplepen à la date que vous mentionnez, 1901. C'était un important personnage de Dartmoor. M. B. F. Robinson lui avait demandé conseils et aide pour élaborer le contexte de son histoire.
>
> Mon père et M. Robinson se rendirent dans la lande ensemble et sur les conseils de mon père, les détails d'arrière-plan furent complétés sur le champ. Mon père en était très fier et racontait souvent à ses enfants comment il avait contribué à l'écriture d'un livre très connu.
>
> Ma sœur, Mme Graeme, qui réside à Shaldon, possède une copie du livre offert à mon père par

M. B. F. Robinson et sur lequel est inscrit :
« Au révérend R.D. Cooke, de l'assistant
concepteur de l'intrigue, Bertram Fletcher
Robinson ».

Au même moment ou presque de la visite de Robinson et du
révérend Cooke à Dartmoor, Conan Doyle dispute durant
deux jours un match de cricket au Lords, à Londres. La partie
se termine le vendredi 24 mai, la veille d'un week-end férié
chargé durant lequel le trafic ferroviaire entre Londres et le
Devon est fortement limité le dimanche 26 et le lundi 27. Il
est par conséquent hautement probable que Conan Doyle ait
effectué seul les cinq ou six heures de train entre Paddington
et Newton Abbot le matin du samedi 25 mai. Il est ensuite
accueilli en fin d'après-midi ou début de soirée à la gare de
Newton Abbot par le cocher Henry « Harry » Baskerville
(voir ill. 21). « Harry » est employé par Joseph Fletcher
Robinson et porte les mêmes nom et prénom que l'un des
principaux personnages de *The Hound of the Baskervilles*.
Contrairement à ce qui a été prétendu par Adrian Conan
Doyle, fils de Conan Doyle, ce dernier est ensuite conduit à la
maison de famille des Robinson à Ipplepen. Il semble peu
probable qu'il ait accepté d'être conduit directement jusqu'à
Princetown, à 22 miles de la gare (soit quatre heures de
trajet).

Le temps du dimanche 26 mai est pluvieux (0,14 pouce de
précipitations), couvert et froid (11°C). Il est donc peu
vraisemblable que Conan Doyle et Robinson aient choisi de
visiter Dartmoor ce jour-là. Ils semblent plutôt avoir
accompagné les parents de Robinson à l'office matinal de St.
Andrew's Church à Ipplepen (assuré par le révérend R.D.
Cooke). Plus tard, les témoins se souviennent que la visite de

Conan Doyle à l'église « fut perçue avec désapprobation par certains paroissiens connaissant Conan Doyle comme étant un important spirite ». À cette époque en effet, Conan Doyle est catholique non pratiquant et membre de la Society for Psychical Research (société de recherche psychique), basée à Londres.

Entre le lundi 27 et le mercredi 29 mai, le temps s'améliore considérablement (la température journalière moyenne est de 15°C et il ne pleut pas). C'est pourquoi « Harry » conduit Robinson et Conan Doyle aux alentours, comme à Heatree House, Bovey Tracy ou Hound Tor (ces trois lieux sont plus proches de Park Hill House que de Princetown). Le mardi 30 mai, un violent orage durant lequel il pleut 1,3 pouce à Ashburton et 1,95 pouce éclate à Princetown, les empêchant de visiter Dartmoor. « Harry » rapportera plus tard qu'alors qu'ils se trouvaient à Park Hill House, Conan Doyle et Robinson se tenaient dans la salle de billard et que parfois, ils « veillaient très tard, écrivant et discutant. »

Le vendredi 31 mai 1901, il semble qu'Harry conduise Robinson et Conan Doyle de Park Hill House (249 pieds d'altitude) à Princetown (1368 pieds d'altitude). Le chemin le plus rapide pour se rendre d'un point à l'autre en 1901 est de 20 miles de boucles et lacets (dénivelée moyenne de 55 pieds par mile). Le trajet a dû prendre environ quatre heures, excluant ainsi un retour le même jour. Pour cette raison, Robinson et Conan Doyle décident de prolonger leur visite dans la région et demeurent au Duchy Hotel à Princetown jusqu'au dimanche 2 juin.

Entre le vendredi 31 mai et le dimanche 2 juin, le temps à Princetown est constamment couvert, froid (moyenne de

10°C), pluvieux (0,23 pouce au total) et peu venteux (moyenne de 15 miles par heure). Plus tard, un journaliste californien du nom de H. J. W. Dam publiera un article intitulé *Arthur Conan Doyle – An Appreciation of the Author of 'Sir Nigel', the Great Romance Which Begins Next Sunday*, (Arthur Conan Doyle – critique de l'auteur de « Sir Nigel », le grand roman qui commence dimanche prochain) dans le supplément du *Sunday Magazine* du *New York Tribune*. Cet article relate les souvenirs de Robinson sur son voyage avec Conan Doyle dans la haute lande autour de Princetown durant l'été 1901 :

> J'ai passé l'une des plus intéressantes semaines de ma vie avec Doyle à Dartmoor. Il effectua le voyage en ma compagnie peu après que je lui racontai et qu'il accepta comme présent de ma part une intrigue retrouvée dans *The Hound of the Baskervilles*. La lande de Dartmoor, grande étendue sauvage de marécages et de rochers qui coupe le Devonshire, excitait son imagination. Il écouta avec impatience mes histoires de chiens fantômes, de cavaliers sans tête et de démons tapis dans les cavernes, légendes avec lesquelles j'ai été élevé, chez moi, aux frontières de la lande. Tous les lecteurs de *The Hound* se souviendront du talent avec lequel il tira profit de ses impressions.
>
> Deux incidents me reviennent notamment en mémoire. Au centre de la lande se trouve la célèbre prison de Princetown. Plus d'un millier de criminels coupables des pires délits sont détenus dans les grandes bâtisses de granit balayées par la

pluie et cernées de brume. Un petit village se trouve en contrebas de la pente où se situe la prison, et une confortable auberge traditionnelle offre le gîte aux voyageurs.

Le lendemain de notre arrivée, Doyle et moi étions assis dans le fumoir lorsqu'une femme de chambre aux joues roses ouvrit la porte et annonça : « Des visiteurs pour vous, messieurs ». Quatre hommes entrèrent, s'assirent avec solennité et commencèrent à parler du temps, de la pêche dans les ruisseaux de la lande et d'autres sujets généraux. Nous n'avions pas la moindre idée de qui il s'agissait. Lorsqu'ils se levèrent pour partir, je les suivis jusqu'à l'entrée de l'auberge. Sur la table étaient posées quatre cartes. C'est ainsi que le directeur de la prison, son adjoint, l'aumônier et le médecin étaient venus, comme l'indiquait une note écrite au crayon, « rendre visite à M. Sherlock Holmes. »

Un matin, j'emmenai Doyle voir l'imposant marais, un millier d'acres de limon et de brize où pouvaient disparaître un cavalier et sa monture, comme si bien relaté dans *The Hound of the Baskervilles*. Il fut amusé par l'histoire que je lui racontai, celle d'un homme qui un jour avait vu un chapeau en bordure du marais et l'avait touché avec le long bâton qu'il tenait. « Laissez mon chapeau tranquille ! », s'écria une voix venant d'en dessous. « Qui va là ? Y a-t-il quelqu'un sous c'chapeau ? », cria le paysan, sursautant. « Oui, imbécile, et il y a aussi un cheval sous l'homme. »

Du marais, nous poursuivimes à l'est vers le fort en pierre de Grimspound que les sauvages de l'âge de Pierre, les aborigènes qui avaient colonisé la Bretagne avant les Saxons, les Danois ou les Scandinaves, avaient construit au prix d'un dur labeur comme refuge face aux tribus maraudeuses en route vers le sud. Le fort est encore dans un état de conservation extraordinaire. Les blocs de granit hauts de vingt pieds – la façon dont ils ont été hissés reste un mystère pour les historiens et les ingénieurs – continuent à encercler les abris de pierre où la tribu vivait. Doyle et moi entrâmes dans l'un d'eux, et nous asseyant sur une pierre qui avait probablement servi de lit à un chef il y a trois mille ans, nous nous mîmes à parler des races du passé. C'était là l'un des endroits les plus isolés de Grande-Bretagne, la première route se trouvant à une distance éloignée. D'étranges légendes de

lueurs et de personnages circulent à son sujet. Il s'agissait en outre d'une journée lugubre où le ciel était chargé de lourds nuages.

Nous entendîmes soudain une botte heurter une pierre à l'extérieur et nous levâmes tous deux. Il ne s'agissait que d'un touriste solitaire qui marchait, mais en nous voyant sortir de l'abri, il poussa un cri et fit un bond. Nous nous rassîmes et disparûmes de nouveau, écroulés de rire, et comme il ne revint pas, M. Doyle et moi pensâmes bien avoir ajouté un témoignage de surnaturel aux conteurs d'histoires de fantômes de Dartmoor.

Il faut noter que ces expériences ont à l'évidence impressionné Conan Doyle car un prisonnier de la prison de Dartmoor, un marais et un très ancien abri de pierre sont intégrés à l'intrigue de *The Hound of the Baskervilles*. Conan Doyle décrit en outre ses impressions sur la lande dans la lettre ci-dessous, écrite du Duchy Hotel à sa mère le samedi 1er juin 1901 :

Ma chère mère,

Me voici dans la ville la plus haute d'Angleterre. Robinson et moi explorons ensemble la lande en vue de notre aventure de Sherlock Holmes. Je pense que cela fonctionnera admirablement. Nous en avons en effet déjà achevé presque la moitié. Holmes est à son meilleur, et il s'agit d'une idée très dramatique que je dois à Robinson.

Nous avons parcouru 14 miles dans la lande aujourd'hui et sommes maintenant agréablement épuisés. C'est un bel endroit, très triste et sauvage, doté d'habitations préhistoriques, d'étranges monolithes, d'abris et de tombes. Il y avait à l'évidence autrefois une population de plusieurs milliers d'individus mais aujourd'hui, on peut y marcher toute une journée sans rencontrer âme qui vive. On trouve partout des mines d'étain béantes. Demain [dimanche 2 juin], nous parcourrons 16 miles pour rejoindre Ipplepen où vivent les parents de Robinson. Puis lundi,

Sherborne pour le cricket, deux jours à Bath, deux jours à Cheltenham. À la maison lundi 10. Tel est mon programme.

D'autres sources confirment que Conan Doyle disputera effectivement ces parties de cricket. Il serait parti pour Sherborne le lundi 3 juin après avoir passé la nuit à Park Hill House. Il ne peut avoir voyagé le dimanche 2 juin car les deux seuls trains s'y arrêtant partent de la gare de St. David à Exeter à 01 h 38 et 15 h 09 (ligne Penzance - Waterloo). Conan Doyle n'a pu attraper le premier train parce qu'il est encore à Princetown à cette heure. Il n'a pas non plus pris le second car le seul train effectuant la correspondance entre la gare de Newton Abbot et celle de St. David quitte Newton Abbot à 09 h 25, ce qui ne lui laisse pas suffisamment de temps, le sachant épuisé, pour aller de Princetown à la gare ferroviaire de Newton Abbot via Park Hill House. Il est beaucoup plus probable que le jour suivant, Conan Doyle, cette fois reposé, ait pris le train de 07 h 55 de la gare de Newton Abbot à celle de St. David (arrivant alors à 08 h 45) puis qu'il soit monté dans le train de 09 h 02 de St. David à Sherborne via Yeovil (arrivée 11 h 14). Conan Doyle est probablement conduit de la gare à l'école de Sherborne, située à une distance d'un mile (une dizaine de minutes).

Ill. 19. Le révérend R. D. Cooke
et sa famille (1926)
AVEC L'AIMABLE AUTORISATION
DE WENDY MAJOR

Ill. 20. Joseph F. Robinson
AVEC L'AIMABLE AUTORISATION
DE MEADE-KING,
ROBINSON & CO. LTD

Ill. 21. Henry « Harry » Baskerville (1912)
AVEC L'AIMABLE AUTORISATION
DE WENDY MAJOR

Ill. 22. Arthur H. Marshall (1920)
AVEC L'AIMABLE
AUTORISATION DE
LA COLLECTION TOPFOTO

Le récit de *The Hound of the Baskervilles*

À la mi-mai 1901, Conan Doyle envoie le bon à tirer du premier épisode de *The Hound of the Baskervilles* (chapitres I et II sur XV) aux bureaux du *Strand Magazine*. Des documents appartenant à Sidney Paget, l'illustrateur du roman, révèlent que ce dernier est payé 34 livres et

13 shillings avant la fin du mois de mai pour effectuer sept illustrations de ce premier épisode. Le samedi 25 mai 1901 (soit le jour où Conan Doyle semble avoir retrouvé Robinson dans le Devon), l'annonce ci-après paraît dans *Tit-Bits* publié par Georges Newnes comme le *Strand Magazine* :

De très nombreux lecteurs du *Strand Magazine* n'ont cessé de nous demander si nous ne pourrions amener M. Conan Doyle à nous offrir davantage d'aventures de son formidable personnage. M. Conan Doyle a pris d'autres engagements mais il nous livrera sous peu un récit majeur à paraître dans le *Strand* et ayant pour personnage principal le grand Sherlock Holmes. L'histoire sera publiée aussi bien dans l'édition britannique que dans l'édition américaine. En Amérique, la pièce qui s'appuie sur la carrière du grand détective a joué plusieurs mois avec un énorme succès. Elle va être produite à Londres dans environ trois mois. La nouvelle aventure de Sherlock Holmes commencera parallèlement dans le *Strand*, sous forme de feuilleton de 30 000 à 50 000 mots. L'intrigue est l'une des plus intéressantes et des plus saisissantes qu'il nous ait jamais été donné de lire. Nous sommes certains que tous les lecteurs du *Strand* qui nous ont écrit sur le sujet, mais aussi ceux qui ne l'ont pas fait, seront très heureux que M. Conan Doyle nous en livre un peu plus sur notre bon vieux personnage préféré [sic].

Le lundi 17 juin 1901, l'épreuve du deuxième épisode de *The Hound of the Baskervilles* (chapitres III et IV sur XV) est remise à Conan Doyle dans sa maison du Surrey. Ce dernier informe ensuite le rédacteur en chef du *Strand Magazine* que le troisième (chapitres V et VI sur XV) est presque achevé. Sachant qu'il est absent de chez lui du jeudi 16 mai (il joue au cricket à Londres) au lundi 10 juin, il semble probable que le deuxième et une grande partie du troisième épisodes aient été écrits à Park Hill House entre le samedi 25 et le vendredi 31 mai. Cette hypothèse expliquerait ce pourquoi dans la lettre que Conan Doyle écrit à sa mère le samedi 1er juin, il indique en « avoir achevé presque la moitié ». En outre, cela expliquerait en partie la raison pour laquelle l'ami auteur de Robinson, Arthur Hammond Marshall (voir ill. 22), écrit les commentaires suivants dans son autobiographie :

> Il [Robinson] adorait les histoires et les inventait fort bien. Il donna à Conan Doyle l'idée et l'intrigue de *The Hound of the Baskervilles* et écrit la majeure partie du premier épisode [sic] pour le *Strand Magazine*. Conan Doyle souhaitait que leurs deux noms apparaissent mais son seul nom fut demandé parce qu'il valait bien plus. Ils furent payés 100 livres les mille mots, dans la proportion de trois pour un. Ainsi, comme je le dis à l'époque à Bobbles [Robinson], si vous écrivez « heureux de vous rencontrer », Doyle reçoit six shillings et vous deux. Il me répondit qu'il n'avait jamais été bon en fractions mais que cela lui semblait correct, et que de toute façon, ce qu'il écrivait valait la peine.

L'étendue de la contribution de Robinson au récit de *The Hound of the Baskervilles* reste controversée. Néanmoins, l'affirmation de Marshall selon laquelle Robinson aurait « écrit la majeure partie » du premier épisode est indéniablement incorrecte. Marshall a peut-être mal retranscrit l'idée que Robinson ait évidemment contribué aux chapitres I à III et que Conan Doyle l'ait alors payé pour sa contribution directe au récit ? Quoi qu'il en soit, Robinson a bel et bien apporté une contribution importante aux deux premiers épisodes. Il est par exemple fait référence aux battues au chien et aux légendes locales dans le cadre de la malédiction des Baskerville racontée par Mortimer à Sherlock Holmes dans le troisième chapitre. De plus, dans ce même chapitre, Holmes dresse au docteur Watson divers tableaux fictifs de Dartmoor qui reposent souvent sur des lieux existants. Robinson a écrit sur le sujet et il convient d'admettre que ses connaissances en la matière étaient supérieures à celle de Conan Doyle.

À la fin du mois de juin 1901, Conan Doyle envoie les quatrième et cinquième épisodes (chapitres VII à IX sur XV) au *Strand Magazine*. Il séjourne mi-juillet 1901 à l'Esplanade Hotel de Southsea après avoir soumis les épisodes six et sept de *The Hound of the Baskervilles* (chapitres X à XII sur XV). Conan Doyle envoie effectivement des corrections au *Strand Magazine* depuis Southsea. Au cours du mois d'août 1901, le premier épisode mensuel (sur un total de neuf) de *The Hound of the Baskervilles* est publié dans la version britannique du *Strand Magazine* (voir ill. 23). La contribution de Robinson est mentionnée dans une brève note de bas de page au chapitre I comme suit :

Cette histoire doit son existence à mon ami M. Fletcher Robinson qui m'a aidé tant pour l'intrigue générale que pour les détails géographiques — A.C.D.

À partir de septembre 1901, *The Hound of the Baskervilles* est publié dans la version américaine du *Strand Magazine* sous forme de feuilleton mensuel en neuf épisodes. Au cours du même mois, Conan Doyle réside dans sa demeure d'Undershaw à Hindhead et complète les deux derniers épisodes (chapitres XIII à XV sur XV). L'histoire compte alors quelque 60 000 mots, ce qui signifie que Conan Doyle doit être payé approximativement 6 000 livres pour ce récit en feuilleton.

Ill. 23. Couverture de l'avant-dernier épisode du roman-feuilleton britannique (mars 1902)

Ill. 24. Première édition britannique du livre (publiée le 25 mars 1902)

Le 25 mars 1902, *The Hound of the Baskervilles* paraît sous forme de roman par George Newnes, Londres (voir ill. 24), un mois avant la publication du dernier épisode dans la version britannique du *Strand Magazine*. La première édition britannique du livre comporte le bref remerciement suivant :

MON CHER ROBINSON,

C'est grâce à votre compte rendu d'une légende située dans le sud-ouest du pays que ce récit doit son existence. Pour cela et pour votre aide dans les détails, tous mes remerciements.

Bien à vous,
A. CONAN DOYLE.

Par la suite, Robinson donne un exemplaire de la première édition de *The Hound of the Baskervilles* au révérend Robert Duins Cooke, à Marion Cooke (épouse du révérend Cooke) et à « Harry » Baskerville. Il dédicace chacun des trois livres et précise par deux fois la limite de son implication dans l'histoire telle qu'elle est racontée :

Au révérend R D Cooke, de l'assistant concepteur de l'intrigue Bertram Fletcher Robinson

À Mme Cooke, avec les meilleurs souvenirs de l'assistant concepteur de l'intrigue Bertram Fletcher Robinson

À Harry Baskerville, de B Fletcher Robinson.
Excusez l'utilisation du nom !

Le 15 avril 1902, *The Hound of the Baskervilles* est publié sous forme de roman par McClure, Phillips and Company (New York). La première édition américaine du livre inclut une version des remerciements de Conan Doyle à Robinson. Cette version, écrite sous la dictée le 26 janvier 1902 par Major Charles Terry (secrétaire de Conan Doyle), appartient aujourd'hui à la collection Berg. Elle est visible à la

bibliothèque de New York. Elle est donc antérieure à la version de la première édition britannique :
MON CHER ROBINSON,

C'est votre récit d'une légende du sud-ouest qui, en premier, m'inspira cette petite histoire.

Pour cela et pour l'aide apportée dans sa progression, recevez tous mes remerciements. Bien à vous, A. Conan Doyle.

Commérages autour de *The Hound of the Baskervilles*

En octobre 1901, peu après la publication du premier épisode de *The Hound of the Baskervilles* dans la version américaine du *Strand Magazine*, les remarques ci-après peuvent être lues dans le magazine américain *The Bookman* :

Toute personne qui lit les premiers chapitres de la résurrection de Sherlock Holmes dans le numéro de septembre du *Strand Magazine* est certainement parvenue à la conclusion que la part du docteur Doyle dans la collaboration était minime. *The Hound of the Baskervilles* commence de façon spectaculaire et très prometteuse, mais le Sherlock Holmes qui nous est présenté est un personnage totalement différent du Sherlock Holmes de *The Study in Scarlet* [*sic*], *The Sign of Four*, *The Adventures* et *The Memoirs*. Toutes les petites astuces superficielles et tous les traits particuliers ont bien sûr été repris, mais c'est là tout. Dans une brève note, le docteur Doyle, dont le nom est le seul à apparaître en-tête de l'histoire, se montre reconnaissant de la collaboration de M. Fletcher Robinson. La polémique regarde bien entendu avant tout les deux auteurs et leurs éditeurs, mais nous sommes presque sans hésitation convaincus que l'histoire revient presque entièrement à M. Robinson et que la seule contribution majeure du docteur Doyle est d'avoir autorisé l'utilisation du personnage de Sherlock Holmes.

La version américaine de *The Bookman* est célèbre pour ses commérages littéraires. L'article a probablement été écrit par l'un des deux rédacteurs en chef, Arthur Bartlett Maurice. Plus tard en effet, il signe un second article paru dans le même périodique et revenant sur la question de l'auteur du livre. Ce second article est publié peu après la parution de la première édition américaine de *The Hound of the Baskervilles* (15 avril 1902). Maurice y réitère ses précédents commentaires de façon toutefois plus circonspecte :

Lorsque le sujet de l'histoire fit pour la première fois l'objet de discussions dans les cercles littéraires et le milieu de l'édition à Londres, on disait surtout que M. Fletcher Robinson détenait une histoire à laquelle le docteur Doyle apportait son aide, son nom ainsi que le personnage de Sherlock Holmes. Un peu plus tard, on dit que le docteur Doyle et M. Robinson co-écrivaient ce nouveau Sherlock Holmes. Enfin, le premier épisode de l'histoire apparut comme étant l'œuvre du seul docteur Doyle, et la seule allusion faite à

M. Fletcher Robinson consista en une note de bas de page dans laquelle le célèbre écrivain remerciait courtoisement mais plutôt vaguement M. Robinson pour une ou deux pistes et suggestions d'intérêt pour l'histoire. Que signifie tout cela ? À quel degré M. Robinson a-t-il contribué à la conception et à l'élaboration de *The Hound of the Baskervilles* ? Le critique n'est pas plus disposé à le dire qu'il en a l'intention.

En juin 1902, la version américaine du *Bookman* publie une histoire intitulée *The Bound of the Astorbilts*, écrite par Charlton Andrews. Cette première parodie de *The Hound of the Baskervilles* s'achève sur le paragraphe suivant :

> Alors que je regardai au loin, dans la lande, se firent entendre les profonds et lugubres hurlements d'un chien gigantesque. L'intensité à glacer le sang de cette voix monta et diminua curieusement jusqu'à ce que le son inarticulé se transforma en ce gémissement parfaitement audible : « Je me demande combien Robinson en a écrit. »

Cette série d'allégations et de remarques est entièrement injustifiée. Robinson et Conan Doyle restent proches amis après la publication de *The Hound of the Baskervilles* et travaillent régulièrement ensemble jusqu'à la mort prématurée de Robinson à l'âge de 36 ans le 21 janvier 1907. Ainsi, au début de l'année 1904 par exemple, Conan Doyle, Robinson et Pemberton sont tous trois élus membres d'une société criminologique fermée composée de 12 hommes, « Our Society ». Des registres indiquent Robinson et Conan Doyle jouent au golf à Hindhead dans le Surrey deux jours seulement après l'une des réunions ordinaires de « Our Society » dans la maison de Pemberton le 18 octobre 1906. Entre 1904 et 1907 en outre, Robinson écrit plusieurs articles dans lesquels il loue l'intégrité de Conan Doyle. Le dernier de ces articles, intitulé *People Much Talked About in London* (on en a beaucoup parlé à Londres) est publié à titre posthume en mai 1907 dans un périodique américain, le *Munsey's Magazine* (vol. 37, n°2, p. 142-143). On peut lire :

À Pall Mall, aussi, il est possible de rencontrer quelques-uns des plus célèbres hommes de la littérature anglaise qui se tiennent dans le très exclusif Athenaeum Club. C'est ainsi qu'apparaît le bon géant, sir Arthur Conan Doyle, créateur de Sherlock Holmes, le prince des détectives. L'homme est un Britannique raffiné, lucide, amateur de sport, un patriote au grand cœur.

À propos de l'Athenaeum Club, je me souviens d'une histoire que m'a racontée sir Arthur lors de sa première visite dans cette respectable institution après l'élection [8 mars 1901]. Il alla voir le portier et, désireux de se présenter pour qu'il se souvienne de son nom, il demanda s'il y avait du courrier pour Conan Doyle. L'Athenaeum Club était comme aujourd'hui un lieu de séjour très apprécié des dignitaires cléricaux, et le portier à la culture littéraire limitée répondit : « Non, chanoine[NdT], aucune lettre pour vous. »

[NdT] Chanoine se dit « canon » en anglais, ce qui est proche de Conan, le prénom de Doyle.

Sir Arthur ne prit pas la peine de rectifier et souffrit beaucoup du regard désapprobateur du portier durant quelques semaines. Les complets en tweed affectés par le grand romancier choquaient profondément l'employé et lorsqu'un jour sir Arthur apparut dans un long manteau de course, cela fit un tel effet à l'homme que Doyle dut s'empresser d'aller à la réception pour expliquer qu'il n'était pas un dignitaire de l'Église mais un écrivain auquel une certaine latitude vestimentaire était permise.

Sir Arthur est un fervent partisan du mouvement des clubs de tir[NdT]. Il a installé des cibles pour un champ de tir miniature chez lui à Hindhead dans la lande [trouvées fin 1900]. On peut y observer le palefrenier, le menuisier, le maçon et le maréchal-ferrant du village s'affronter le samedi après-midi comme le firent leurs aïeux qui remportèrent les batailles de Creçy et d'Agincourt avec leur longbow[NdT]. On y voit parmi eux le romancier à son meilleur, les encourageant de mots aimables ou décernant des prix principalement de sa propre poche.

Toute suggestion selon laquelle Robinson n'est pas parfaitement satisfait des résultats de sa collaboration littéraire avec Conan Doyle est par conséquent à rejeter. Les preuves sont en effet suffisantes pour affirmer que Robinson

---

[NdT] Mouvement qui suivit la guerre des Boers, devant les piètres résultats des forces britanniques.
[NdT] Arc long anglais.

profite directement de son association durable avec Conan Doyle. Plusieurs nouvelles écrites par Robinson sont accompagnées de mentions promouvant son implication dans *The Hound of the Baskervilles*. Conan Doyle s'accommode clairement du fait que Robinson fasse la promotion de ses propres œuvres littéraires par de telles références. Il s'agit là encore d'un signe supplémentaire du profond respect et de l'amitié entre les deux hommes.

Une respectueuse reconnaissance

Il y a tout lieu de penser que Conan Doyle et Robinson ont pleinement l'intention de co-écrire une histoire se situant à Dartmoor lorsqu'ils sont à bord du *S.S. Briton* en juillet 1900. Le sujet est fixé lors d'une visite ultérieure à Cromer fin avril 1901. Peu après, Conan Doyle introduit le personnage de Sherlock Holmes et écrit le premier épisode de *The Hound of the Baskervilles*. Entre la fin du mois de mai et le début du mois de juin 1901, Robinson et Conan Doyle effectuent des recherches dans le Devon pour les besoins de l'histoire. Les deux hommes, à cette étape, sont tout à fait d'accord pour que Conan Doyle écrive seul le récit. Pourquoi Robinson semble-t-il satisfait de passer d'une véritable collaboration à un statut « d'assistant concepteur de l'intrigue » ?

La réponse à cette question ne sera peut-être jamais apportée sans équivoque. Robinson peut cependant avoir eu le sentiment que Sherlock Holmes était la propriété intellectuelle de Conan Doyle et ainsi décider de limiter son implication face à l'introduction du personnage dans l'histoire. D'autres éléments indiquent par ailleurs que Robinson est dans l'incapacité de co-écrire le récit pour un certain nombre de raisons professionnelles. Ainsi, il publie 14 articles dans *The*

Daily Express et *Pearson's Magazine* dans l'intervalle des 16 semaines durant lesquelles Conan Doyle écrit *The Hound of the Baskervilles* (mai 1901 – septembre 1901). En outre, il a été mandaté de 25 000 mots de « texte descriptif imprimé » pour un ouvrage intitulé *Sporting Pictures* (le sport en images) qui sera publié par Cassell & Company Limited en 1902 (édité par E. W. Savory).

Robinson a en outre des raisons privées de ne pas contribuer directement au récit de *The Hound of the Baskervilles*. Ainsi, en 1901, il vit avec son vieil oncle sir John Robinson (voir ill. 25), également ami avec Conan Doyle. Sir John meurt le 30 novembre 1903 et l'année suivante, son autobiographie, *Fifty Years on Fleet Street* (cinquante ans sur Fleet Street), est publiée par McMillan & Company Limited. Elle inclut la déclaration suivante dans la préface écrite par Frederick Moy Thomas, ami et employé de sir John durant 25 ans :

> Je suis hautement redevable de sir Arthur Conan Doyle qui m'a autorisé à publier sa magnifique lettre sur l'Amérique et les Américains, et reconnaissant envers un certain nombre d'amis et membres de la famille de sir John pour des possibilités similaires, pour leurs conseils ou pour leur assistance.

Ce commentaire est important pour plusieurs raisons. La famille Robinson apparaît toujours clairement être en bon terme avec Conan Doyle quelque trois années après la publication de *The Hound of the Baskervilles*, ce qui discrédite la thèse de la controverse sur la paternité du livre développée dans la version américaine du *Bookman*. Cela laisse également entendre que Robinson n'a pas pu contribuer directement au récit de *The Hound of the Baskervilles* parce qu'il aidait sir John à rédiger son autobiographie. Robinson a effectivement acquis sept années d'expérience éditoriale au travers de son engagement pour le *Newtonian*, le *Granta*, le *Daily Express* et l'Isthmian Library.

De plus, en 1901, Robinson fait la cour à Gladys Morris, qu'il épouse le 3 juin 1902. Durant cette période, le futur beau-père de Robinson, un artiste à la retraite du nom de Philip Morris, se bat pour faire vivre sa jeune famille tout en luttant contre une pathologie chronique dont il décède finalement le 22 avril 1902. Il est fort probable que Robinson rende régulièrement visite à la famille qui vit près de chez lui, au 92 Clifton Hill, St. Marylebone, Londres, afin d'aider de son mieux Philip, Gladys et les deux cadets. De la même façon, Robinson est certainement attentif à l'infirmité grandissante de son propre père et effectue sans doute souvent le voyage à Ipplepen jusqu'à la mort de ce dernier le 11 août 1903.

Ainsi, pour les raisons mentionnées, Robinson s'accommode de simplement assister Conan Doyle pour l'intrigue de *The Hound of the Baskervilles* plutôt que de participer à sa rédaction. Conan Doyle le confirme en juin 1929 lorsqu'il écrit ce qui suit dans la préface d'un recueil de quatre aventures de Sherlock Holmes intitulé *The Complete Sherlock Holmes Long Stories* (Londres, John Murray) :

Puis vint *The Hound of the Baskervilles*, parti d'une remarque de ce grand ami Fletcher Robinson dont la mort prématurée fut une perte pour le monde entier. Cela concernait un chien-fantôme près de chez lui à Dartmoor. Cette remarque fut le point de départ du livre, mais je dois ajouter que l'intrigue et chaque mot du récit sont de moi.

Robinson mérite néanmoins une certaine reconnaissance pour avoir donné à Conan Doyle envie de ressusciter Sherlock Holmes, « tué » en 1894. Conan Doyle écrit ensuite trente-trois nouvelles et un roman avec Sherlock Holmes, mais jamais aucun ne connaîtra le succès de *The Hound of the Baskervilles*. Depuis la première édition de 1902, pas moins de 19 films sont sortis en salles, dans six langues différentes, et bien plus d'adaptations télévisuelles encore.

En 1912, Conan Doyle écrit *The Lost World*, mettant en scène un personnage appelé Edward G. Malone. Il est intéressant de noter le parallèle entre ce personnage et Robinson. Ainsi par exemple, tous deux ont passé une partie de leur jeunesse dans le sud-ouest du pays, aiment pêcher et dépassent les six pieds. De plus, ils sont l'un comme l'autre devenus des joueurs de rugby accomplis, des journalistes londoniens, et ils sont tous deux amoureux d'une certaine Gladys. Le personnage de Malone représente peut-être ainsi l'hommage le plus durable de Conan Doyle à son ancien « assistant concepteur d'intrigue » Robinson ?

Ill. 25. Sir John Robinson (1890)
AVEC L'AIMABLE AUTORISATION DE
LA COLLECTION TOPFOTO

CHAPITRE IV

Circuit Arthur Conan Doyle dans le Devon

*1) Elliot Terrace, The Hoe, Plymouth (0 mile)

Ill. 26. Elliot Terrace (à droite) et le Grand Hotel (au centre)
avant la Seconde Guerre mondiale

Rejoignez le quartier de Barbican dans le vieux Plymouth. Poursuivez le long de Madeira Road, parallèle à l'enceinte de la Royal Citadel et au front de mer. Au premier petit rond-point, prenez la deuxième sortie pour Hoe Road et stationnez dans une place avec horodateur sur la droite. Traversez la rue et engagez-vous dans The Promenade en passant par l'ancien stationnement. Marchez environ 320 mètres[1] vers l'ouest le

---

[1] Les distances à parcourir en véhicule sont indiquées en miles (pour correspondre notamment aux panneaux de signalisation sur place). Elles sont en revanche exprimées en mètres pour les trajets à effectuer à pied ainsi que pour les très courts trajets en voiture.
Pour information, 1 mile = 1,6 km.

long de The Promenade entre la Smeaton's Lighthouse Tower et les différents monuments commémoratifs. Elliot Terrace et le Grand Hotel se trouvent tous deux sur la droite (voir ill. 26).

Elliot Terrace est une rangée de sept imposantes demeures victoriennes de six étages construites autour de 1873 par MM. Call & Pethick (John Pethick fut lord-maire de Plymouth entre 1898 et 1900). Le nom provient du colonel James Elliot qui fut propriétaire d'une grande partie du terrain sur lequel se trouve maintenant Plymouth Hoe. Conan Doyle demeure avec Budd et sa famille au 6 Elliot Terrace après son arrivée à Plymouth à la fin du printemps 1882. Il se souviendra plus tard que la propriété n'était en grande partie pas meublée et que des clous étaient plantés au mur pour lui permettre de suspendre ses vêtements. Budd souhaitait que Conan Doyle le pense être seul propriétaire des lieux, probablement pour l'impressionner. Des documents révèlent toutefois que Budd partageait la propriété avec le Royal Western Yacht Club et le Grand Hotel. Ni le Yacht Club ni le Grand Hotel n'utilise manifestement le 6 Elliot Terrace durant le séjour de Conan Doyle. Il semble par conséquent probable que l'ancien Grand Hotel ait déménagé d'Elliot Terrace autour de 1880 pour occuper un bâtiment adjacent neuf construit par John Pethick. Conan Doyle réside au nouveau Grand Hotel le 22 février 1923.

Les visiteurs seront peut-être intéressés d'apprendre que le 3 Elliot Terrace fut acquis par Waldorf Astor en 1908 (deuxième vicomte Astor à partir du 18 octobre 1919). Le 1er décembre 1919, son épouse lady Astor devient la première femme membre du Parlement (elle représente le parti unioniste) à siéger à la Chambre des communes. Elle aurait dit à Winston Churchill : « Si vous étiez mon époux, je verserais de l'arsenic dans votre café », ce à quoi il aurait rétorqué : « Madame, si j'étais votre époux, je le boirais ! » Lady Astor meurt le 2 mai 1964 et lègue le 3 Elliot Terrace à la ville de Plymouth. La propriété est maintenant la résidence officielle du lord-maire de Plymouth et sert également de résidence aux dignitaires et juges itinérants en ville.

2) Durnford Street, East Stonehouse, Plymouth (1,4 mile, soit 2,2 km)

Ill. 27. 1 Durnford Street (autour de 1920)

De Hoe Road, revenez au petit rond-point débouchant sur Madeira Road et prenez à droite en direction de Plymouth Dome. Continuez 0,8 mile le long de Hoe Road, Grand Parade, Great Western Road et West Hoe Road. Au rond-point, prenez à gauche en direction du Continental Ferryport (Millbay Road) et poursuivez 0,6 mile. Au croisement, prenez la file de droite et garez-vous juste après, gratuitement, devant les 12 à 24 Barrack Place (attention car le stationnement est limité entre 10 h 00 et 17 h 00).

Sur la piste d'Arthur Conan Doyle

Durnford Street a été construite en 1773 pour loger le personnel haut gradé des forces navales et militaires. Au cours du mois de juin 1881, Budd ouvre un cabinet à l'angle nord-est de Durnford Street et Barrack Place (voir ill. 27). Au début de mai 1882, Budd et Conan Doyle deviennent associés, mais l'arrangement prend fin seulement sept semaines plus tard. L'ancien cabinet et les bâtiments avoisinants ont été démolis en 1958. Le terrain, libre, a plus tard été réaménagé et utilisé pour un concessionnaire automobile, Renwick's Garage. Plus récemment, le site de l'ancien cabinet a été intégré à Evolution Cove, un complexe d'appartements de luxe.

Jusqu'en 2003, une plaque commémorative figurait à l'emplacement de l'ancien 1 Durnford Street (voir ill. 11). Un total de vingt-deux autres plaques reprenant des extraits de Sherlock Holmes peut toujours être admiré dans le pavage entre le 85 et le 125 Durnford Street. Sur une autre plaque, placée sur la première marche de l'entrée du 93 Durnford Street, on peut lire :

SIR ARTHUR CONAN DOYLE
1859 – 1930

IN 1882 CONAN DOYLE PRACTISED MEDICINE AT NO 1 DURNFORD STREET.
UNFORTUNATELY THE RELATIONSHIP
WITH HIS PRACTICE PARTNER WAS AN UNHAPPY ONE AND ENDED WITH
CONAN DOYLE MOVING TO SOUTHSEA.
DURING HIS SPARE TIME FROM HIS MEDICAL PROFESSION HE BECAME MORE
INVOLVED IN HIS WRITINGS. 'A STUDY
OF SCARLET', THE FIRST OF 68 STORIES FEATURING SHERLOCK HOLMES,
APPEARED IN 1887. CONAN DOYLES TIME IN
DEVON UNDOUBTEDLY INSPIRED HIS LATER LITERARY WORK, 'THE HOUND
OF THE BASKERVILLES.' A HOLMES
CULT AROSE AND STILL FLOURISHES TODAY.[NdT]

[NdT] En 1882, Conan Doyle exerça la médecine au 1 Durnford Street. Malheureusement, sa relation avec son associé fut fâcheuse et s'acheva par le

Cette inscription contient un certain nombre d'erreurs factuelles. Il faut comprendre *A Study in Scarlet* et non *A Study of Scarlet*. De plus, il est communément admis que Conan Doyle a écrit 60 aventures de Sherlock Holmes et que la période où il a vécu à Durnford Street ne lui a pas inspiré *The Hound of the Baskervilles*. Cependant, Sherlock Holmes fait référence à un journal du nom de *Western Morning News*. Il est presque certain que Conan Doyle ait lu un journal régional portant presque le même nom, *The Western Morning News*, durant son séjour à Plymouth.

---

déménagement de Conan Doyle à Southsea. Durant son temps libre en tant que médecin, il s'impliqua de plus en plus dans l'écriture. « A Study of Scarlet », la première des 68 aventures mettant en scène Sherlock Holmes, paraît en 1887. Le temps passé dans le Devon inspira sans nul doute à Conan Doyle son ouvrage littéraire « The Hound of the Baskervilles ». S'en est suivi un culte de Sherlock Holmes qui subsiste aujourd'hui encore.

3) Plymouth Guildhall, Royal Parade, Plymouth (3,0 miles, soit 4,8 km)

Ill. 28. Carte postale montrant le Plymouth Guildhall (sur la droite) avant la Seconde Guerre mondiale

De Barrack Place, suivez la rue à sens unique jusqu'à un rond-point à 0,2 mile puis prenez à droite Edgcumbe Street (panneau A38). Poursuivez 0,6 mile le long de l'A374, jusqu'au croisement de Union Street et The Crescent. Avancez 0,2 mile jusqu'au rond-point Derry's Cross, puis revenez en direction du croisement de Union Street et The Crescent. Juste avant cette intersection, prenez à gauche The Crescent et continuez 0,3 mile jusqu'au quatrième feu de signalisation. À ce feu, prenez à gauche Princess Way puis la première à droite, Athenaeum Place. Poursuivez 0,1 mile puis prenez à gauche en direction de Plymouth Crown and County Courts. Un peu plus loin se trouve le stationnement payant Guildhall Pay and Display Car Park. Les visiteurs peuvent aller à la réception du Guildhall et demander à visiter gratuitement le bâtiment (voir ill. 28).

En 1909, Conan Doyle rencontre le journaliste Edmund Morel, co-fondateur de la Congo Reform Association en 1904. L'association souhaite faire connaître au public la récente oppression de la population congolaise exercée par les colonisateurs belges. Au cours du mois d'octobre 1909, Conan Doyle publie un pamphlet intitulé *The Crime of the Congo* (Le Crime du Congo belge) (Hutchinson & Co.). Il écrit en préface : « Beaucoup d'entre nous en Angleterre considèrent que les crimes commis au Congo par le roi Léopold de Belgique et ses successeurs sont les plus importants répertoriés dans l'histoire de l'humanité. » Conan Doyle se lance ensuite dans une série de conférences durant trois mois avec Edmund Morel dans le but d'encourager la révolte contre l'oppression belge au Congo. Le 18 novembre 1909, ils visitent le Plymouth Guildhall et Conan Doyle y donne une autre conférence, *The Congo Atrocity*. Il y retourne le 23 février 1923 pour cette fois faire une conférence sur le spiritisme, *The New Revelation* (la nouvelle révélation).

À l'instar d'Elliot Terrace, le Guildhall a été construit en 1873 par John Pethick et officiellement inauguré le 13 août 1874 par SAR le prince Édouard, prince de Galles (futur roi Édouard VII qui fera Conan Doyle chevalier). C'est un exemple parfait d'architecture gothique *Early English*. Le bâtiment original a été ravagé par les flammes durant la deuxième nuit du *blitzkrieg* sur Plymouth (20-21 mars 1941). Les travaux de restauration ont commencé en janvier 1953 et la disposition de l'édifice original a essentiellement été inversée. L'emplacement de la scène d'où Conan Doyle a donné ses conférences est désormais dans l'entrée principale du bâtiment d'après-guerre. Une plaque commémorative est placée à l'ancienne entrée nord de l'édifice en l'honneur de lord et lady Astor.

4) Ford Park, Ford Park Road, Plymouth (5,1 miles, soit 8,2 km)

Ill. 29. La tombe de George Turnavine Budd et son fils

Du Plymouth Guildhall, revenez sur vos pas au croisement d'Athenaeum Place et de Princess Way. Prenez à droite et suivez la rue en sens unique jusqu'au rond-point Derry's Cross Roundabout. Prenez la troisième sortie du rond-point pour Royal Parade. Continuez 0,5 mile jusqu'au rond-point Charles Cross Roundabout (site d'une église détruite par les flammes). Prenez alors la première sortie et empruntez Charles Street et Cobourg Street en direction de Liskeard (A38) et Tavistock (A386) durant 0,3 mile. Au rond-point North Cross Roundabout, prenez la deuxième sortie, Saltash Road, puis continuez 0,3 mile dans la voie de droite. Au premier petit rond-point, engagez-vous dans la troisième sortie, Central Park Avenue. Poursuivez 0,3 mile puis prenez à gauche pour pénétrer dans le cimetière Ford Park Cemetery

93

par l'entrée où se trouve la loge du gardien. Les visiteurs peuvent stationner gratuitement à proximité des deux chapelles victoriennes.

Budd et son fils William sont tous deux enterrés au Ford Park Cemetery (voir ill. 29). Conan Doyle se sert de Budd comme modèle pour son personnage du docteur James Cullingworth et probablement aussi pour un autre personnage, le professeur George Edward Challenger (voir chapitre II). Pour voir leur tombe, marchez une centaine de mètres le long de l'allée processionnelle en direction de l'entrée où se trouve la loge du gardien puis prenez à droite juste après le jardin Garden of Remembrance. Continuez une cinquantaine de mètres sur le chemin goudronné jusqu'aux marches en pierre à droite. Juste après ces marches se trouve sur la gauche la tombe du lieutenant James Arthur Reynolds (marquée par une imposante ancre). La tombe de Budd se trouve quatre rangées derrière cette tombe (lot CLG, 41, 4). Soyez prudents, notamment en cas de pluie, car il est alors facile de trébucher !

Les visiteurs peuvent également voir la tombe de l'oncle de Budd, le docteur John Wreford Budd, et celle de son fils Robert Sutton Budd (le cousin de Budd). Pour les trouver depuis le stationnement, marchez 40 mètres dans l'allée processionnelle en direction de l'entrée par la loge du gardien. Prenez le deuxième chemin gazonné sur la droite puis tournez immédiatement à droite avant une grosse tombe circulaire. La tombe des Budd se trouve sur la droite quelque quatre tombes en arrière et deux tombes vers l'intérieur (lot D, 26, 17). Les visiteurs sont invités à demander au bureau proche de la nouvelle chapelle et du stationnement où se trouve le Ford Park Heritage Trail. De nombreuses autres personnalités intéressantes sont enterrées dans ce cimetière, parmi lesquelles l'ancien maire de Plymouth John Pethick (1827-1904), qui a fait construire Elliot Terrace, le Plymouth Guildhall et le nouveau Grand Hotel (lot CHA, 16, 2).

5) The Lopes Arms, Tavistock Road, Roborough (11,5 miles, soit 18,5 km)

Ill. 30. The Lopes Arms Public House

Du Ford Park Cemetery, revenez sur vos pas jusqu'au petit rond-point d'où part Saltash Road. À ce rond-point, prenez la troisième sortie, Alma Road (panneau signalant Saltash, Liskeard et l'A38). Poursuivez sur 5,4 miles sur Alma Road, Outland Road puis Tavistock Road (A386) jusqu'au troisième grand rond-point près du Belliver Industrial Estate. À ce rond-point, prenez la troisième sortie et reprenez Tavistock Road en direction Plymouth. À 0,2 mile, prenez à gauche l'ancienne Tavistock Road (panneau indiquant Roborough). Poursuivez 0,2 mile après Leatside Walk et Leatside. Le Lopes Arms (voir ill. 30) se trouve sur la droite. Les visiteurs peuvent stationner gratuitement sur le bas-côté. Les personnes souhaitant prendre des consommations au pub peuvent utiliser le parking gratuitement.

En juin 1882, Budd et Conan Doyle mettent fin à leur collaboration en tant qu'associés. Conan Doyle se rend à Tavistock pour examiner la possibilité d'ouvrir son propre cabinet. Au cours de ce voyage, il va au Lopes Arms à la limite entre Plymouth et la pointe sud de Dartmoor. Conan Doyle rédige un compte rendu plus ou moins fictif d'une expédition photographique de Plymouth à Tavistock, *Dry Plates on a Wet Moor,* publié dans le *British Journal of Photography* en novembre 1882. Dans cet article, il fait référence au Lopes Arms sous le nom de l'« Admiral Vernon Public House ». Le même voyage lui a sans nul doute inspiré plus tard le cadre d'une aventure de Sherlock Holmes, *The Adventure of Silver Blaze,* parue pour la première fois dans le *Strand Magazine* en 1892.

6) High Moorland Visitor Centre, Tavistock Road, Princetown (21,4 miles, soit 34,4 km)

Ill. 31. Le Duchy Hotel (autour de 1905)
PHOTOGRAPHIE DE DAVID GERMAN

Du Lopes Arms, empruntez l'ancienne Tavistock Road vers le nord jusqu'à l'intersection avec l'A386. Prenez à gauche et retournez au rond-point près du Belliver Industrial Estate. Prenez alors la troisième sortie pour Tavistock. Poursuivez 3,8 miles sur Roborough Down jusqu'au rond-point à Yelverton. Prenez alors la deuxième sortie pour Princetown et la B3212. Roulez 5,8 miles jusqu'au petit rond-point à Princetown et engagez-vous dans la première sortie, Tavistock Road (B3357). Roulez 0,1 mile et prenez à gauche au Station Cottages Royal Court. Suivez les panneaux pour le stationnement High Moorland Visitor Centre Car Park (vous pouvez alors vous garer contre une modique somme).

Le bâtiment qui abrîte maintenant le High Moorland Visitor Centre a été construit autour de 1809 pour loger les officiers de l'armée et de la réserve qui surveillaient les prisonniers des guerres napoléoniennes dans l'actuelle prison HMP Dartmoor. En 1850, M. James Rowe acquiert la propriété et la transforme en un hôtel, le Duchy Hotel (voir ill. 31). Il fait également poser à la réception de magnifiques mosaïques que l'on peut toujours admirer et qui indiquent « *Welcome the coming, speed the parting guest* » (d'après la traduction d'Alexander Pope de l'Odyssée d'Homère[NdT]). Le 2 juin 1901, Conan Doyle écrit depuis le Duchy Hotel (le nom est toujours visible sur le mur extérieur nord-est du bâtiment) une lettre à sa mère dans laquelle il raconte (voir chapitre III) :

> Me voici dans la plus haute ville d'Angleterre. Robinson et moi explorant la lande en vue de notre aventure de Sherlock Holmes. Je pense que cela va marcher à merveille, j'en ai d'ailleurs déjà écrit presque la moitié. Holmes est à son meilleur, et l'intrigue, que je dois à Robinson, est hautement dramatique.

En 1990, les autorités du Dartmoor National Park ont commencé à transformer la propriété en Visitor Centre tel qu'on peut aujourd'hui l'admirer. Ce dernier a été officiellement inauguré par SAR le prince Charles, prince de Galles, le 9 juin 1993. Les visiteurs peuvent voir une grande photographie de Conan Doyle ainsi qu'un mannequin de Sherlock Holmes dans la boutique du centre. La partie exposition inclut d'autres informations sur Conan Doyle, Robinson et *The Hound of the Baskervilles* (un petit don est escompté).

[NdT] Leconte de Lisle traduit le même passage comme suit : « Il est mal de renvoyer un hôte qui veut rester, ou de retenir celui qui veut partir. »

*7) Her Majesty's Prison Dartmoor, Princetown (21,8 miles, soit 35 km)

Ill. 32. H.M.P. Dartmoor par une brumeuse journée d'hiver

Retournez du High Moorland Visitor Centre au petit rond-point d'où part Tavistock Road et prenez la première sortie pour Two Bridges (B3212). Continuez 0,3 mile jusqu'à une petite aire de stationnement sur la droite juste après Princetown. Elle offre la meilleure vue sur la Dartmoor Prison (voir ill. 32).

Construite entre 1806 et 1809 à l'origine comme dépôt pour les prisonniers des guerres napoléoniennes, H.M.P. Dartmoor est devenue une prison de détenus de 1850 à nos jours. Durant la période victorienne, la prison de Dartmoor était réputée être la plus dure prison britannique dans laquelle étaient incarcérés les pires criminels. Les visiteurs souhaitant en savoir davantage sur l'histoire de cette prison sont invités à se rendre à l'Heritage Centre situé sur Tavistock Road à Princetown (stationnement gratuit et frais d'entrée peu élevés pour la partie exposition).

Sur la piste d'Arthur Conan Doyle

Entre le 31 mai et le 2 juin 1901, Conan Doyle et Robinson séjournent au Duchy Hotel et reçoivent la visite du gouverneur (William Russell), du gouverneur adjoint (Cyril Platt), de l'aumônier (Lawrence Hudson) et du médecin de la prison de Dartmoor (William Frew). Le 13 juin 1901, deux détenus du nom de William Silvester et Fergus Frith parviennent à s'en évader. L'événement est largement médiatisé. C'est environ à la même époque que Conan Doyle achève le troisième épisode de *The Hound of the Baskervilles* (chapitres V et VI sur XV) et intègre un personnage, Selden, également un prisonnier fugitif.

Conan Doyle a précédemment mis en scène la prison de Dartmoor dans trois autres ouvrages : *The Sign of Four* (février 1890), *How the King Held the Brigadier* (avril 1895) et *How the Brigadier Triumphed in England* (mars 1903*)*. La première de ces trois histoires est devenue le deuxième roman de Sherlock Holmes (octobre 1890) et les deux autres sont des aventures du Brigadier Gérard.

*8) Brook Manor, près de Hockmoor Hill, West Buckfastleigh (33,4 miles, soit 53,7 km)

Ill. 33. Brook Manor (façade sud)
PHOTOGRAPHIE D'ANTHONY HOWLETT ©1992

De la petite aire de stationnement située face à la prison de Dartmoor, continuez 1 mile jusqu'à une intersection en T et prenez à droite en direction de Two Bridges (B3357). Roulez 4,1 miles en direction d'Ashburton puis prenez à droite vers Hexworthy, The Forest Inn et Venford Reservoir. Poursuivez 4,6 miles après Venford Reservoir vers le village de Holne, prenez à droite au premier panneau indiquant Scoriton. Roulez 0,4 mile puis prenez la deuxième à droite (indiquant également la direction de Scoriton). Passez Littlecombe Farm et The Tradesmans Public House, vous arrivez à 1,1 mile à un croisement. Là, prenez à droite en direction de Buckfastleigh et roulez 0,4 mile jusqu'à une boîte aux lettres rouge placée sur le mur à gauche. Les visiteurs peuvent se garer gratuitement juste après cette boîte, près de l'entrée de

Hawson Court and Stables. En face de cette boîte aux lettres se trouve un portail à cinq barreaux d'où on peut profiter d'une belle vue de Brook Manor (voir ill. 33).

Brook Manor a été construit en 1656 par le squire Richard Cabell III (1622-1672). Une entrée dans le *The House of Commons Journal* (journal de la Chambre des communes) de 1647 indique que Cabell a été condamné par le Parlement pour s'être rangé du côté des royalistes durant la guerre civile d'Angleterre. Il revient par la suite sur son soutien à Charles 1er, est alors pardonné. Cet acte provoque sans aucun doute la colère de la population locale dont les moyens d'existence dépendent du Duchy of Cornwall Estate. C'est peut-être la raison pour laquelle les histoires médisantes sur ce squire peu scrupuleux abondent. Une nuit, Cabell aurait ainsi par exemple accusé sa femme d'adultère, ce qui aurait entraîné une violente dispute. Elle se serait enfuie à Dartmoor mais il l'aurait rattrapée et assassinée avec son couteau de chasse. Le chien de la victime se serait vengé en égorgeant Cabell, et certains disent qu'on peut encore entendre les hurlements angoissés de l'animal. En réalité, la femme de Cabell a survécu à son époux quelque 14 ans, mais la légende persiste. Des parallèles peuvent être établis entre cette histoire et la légende du méchant Hugo Baskerville racontée à Sherlock Holmes par Mortimer dans *The Hound of the Baskervilles*. Plus tard, Holmes résout le cas en notant une ressemblance entre un portrait d'Hugo Baskerville habillé en royaliste et celui d'un personnage du nom de Stapleton.

9) Holy Trinity Church, Church Hill, Buckfastleigh (35,3 miles, soit 56,8 km)

Ill. 34. Le tombeau du squire Richard Cabell III (situé près du porche de l'église)

De Brook Manor, continuez 1,5 mile vers Buckfastleigh jusqu'au croisement. Poursuivez tout droit 0,4 mile en direction du clocher de la Holy Trinity Church. Le stationnement est gratuit à l'extérieur de l'entrée principale de l'église.

Holy Trinity Church date pour l'essentiel du 13ème siècle mais la nef est du 15ème siècle. Le 8 mai 1849, des incendiaires y mettent le feu, ce qui détruit la sacristie et la caisse paroissiale. Le feu endommage aussi considérablement la sainte table et une section du plafond de l'aile nord. Durant la Seconde Guerre mondiale, des bombardements allemands détruisent certains vitraux. Le 21 juillet 1992, des incendiaires s'en prennent de nouveau à l'église mais cette fois, le brasier détruit entièrement l'intérieur du bâtiment. Aujourd'hui, l'église est une coquille vide mais des offices ont toujours lieu durant les mois d'été.

Le squire Richard Cabell III, donc impopulaire, meurt au début de l'été 1672 mais diverses versions de la légende selon laquelle il aurait tué sa femme persistent. Sa notoriété a peut-être inévitablement engendré des superstitions locales fantaisistes et les diverses infortunes de Holy Trinity Church ont été associées au « tombeau » ou « tombe à auvent » que le squire avait fait construire (voir ill. 34). On a également dit que la lourde pierre tombale servait à empêcher son fantôme de s'échapper dans la lande de Dartmoor et de chevaucher les chiens. Quoi qu'il en soit, nul ne sait avec certitude si le squire Richard Cabell III repose effectivement dans ce tombeau et seuls les noms de son père et de son grand-père, également Richard Cabell, sont en tous cas gravés. Le tombeau a lui-même été endommagé par des actes de vandalisme ou des rites de magie noire et il est maintenant protégé d'une grille en fer.

10) St. Andrew's Church, West Street, Ashburton (38,8 miles, soit 62,4 km)

Ill. 35. La tombe de Henry Baskerville et son épouse

De Holy Trinity Church, revenez au croisement et prenez à droite en direction de Buckfast. Continuez 0,4 mile jusqu'au petit rond-point juste après l'entrée de la Buckfast Abbey. Prenez la deuxième sortie et roulez de nouveau 0,4 mile jusqu'à un autre petit rond-point. Engagez-vous dans la première sortie, direction Exeter, Plymouth et Totnes. Passez le pont qui traverse la Dart puis tournez à gauche en direction d'Ashburton et Princetown. Poursuivez 1,7 mile jusqu'au croisement en T près de la station-service Pear Tree, puis prenez à gauche. À une cinquantaine de mètres, prenez à droite Western Road, qui mène à Ashburton et Buckland in the Moor (B3352). Poursuivez 0,5 mile avant de prendre à gauche Kingsbridge Lane à côté des toilettes publiques. Suivez les indications pour le parking payant. Une fois la voiture stationnée, quittez le parking en passant par un porche situé à l'angle sud-ouest. Prenez à droite (West Street) et marchez une cinquantaine de mètres vers la colline jusqu'à l'entrée principale de St.Andrew's Church, située sur la gauche.

Henry Baskerville est enterré dans ce cimetière. C'est lui qui conduit Conan Doyle et Robinson à Dartmoor lorsque les deux hommes effectuent des recherches pour le cadre de *The Hound of the Baskervilles* en 1901 (voir chapitre III). Il portait également les mêmes nom et prénom que l'un des principaux personnages du livre. Pour situer cette tombe (voir ill. 35), passez par l'entrée principale du cimetière puis prenez à droite. Marchez un peu moins de 100 mètres le long du chemin goudronné le long d'un grand mur de pierre. Au bout de ce mur de pierre, prenez un plus petit chemin goudronné sur la droite, à côté de la tombe de Richard Bennett. Passez douze rangées de tombes, grimpez la côte puis prenez à gauche à la pierre tombale d'Edward Amery Adams. La tombe de Henry Baskerville et de son épouse Alice (née Perring) est située sept lots vers l'intérieur par rapport à cette pierre tombale.

Les visiteurs seront peut-être intéressés d'apprendre que deux autres tombes de personnages de *The Hound of the Baskervilles* se trouvent juste à proximité. Pour voir les tombes de « James Mortimer » et George « Perkins », retournez à la tombe de Richard Bennett. Celle de Mortimer se trouve trois rangées plus loin et quatre lots vers l'intérieur alors que celle de Perkin est située deux rangées plus loin et douze rangées vers l'intérieur.

*11) « Dorncliffe », 18 West Street, Ashburton (38,8 miles, soit 62,4 km)

Ill. 36. Henry Baskerville (autour de 1955)   Ill. 37. 18 West Street

Retournez à l'entrée principale de St. Andrew's Church et prenez à droite. Marchez environ 50 mètres jusqu'à l'Ashburton Methodist Chapel où le service funèbre pour Henry Baskerville (voir ill. 36) s'est tenu le 31 mars 1962. En face exactement se trouve le 18 West Street ou « Dorncliffe » (voir ill. 37) où ont vécu Henry et Alice Baskerville.

Henry Baskerville a travaillé pour la famille Robinson une vingtaine d'années jusqu'en 1905 environ, lorsqu'Emily Robinson fut admise à la maison de retraite Springfield Nursing Home à Newton Abbot. Il déménage alors à Ashburton et travaille durant 52 ans comme jardinier pour une influente famille locale du nom de Sawdye. Au départ, Henry Baskerville réside avec sa famille à East Street (1905 – 1908 environ) puis à « Laburnums » (1909 – 1931 environ). Il demeure ensuite au 18 West Street jusqu'à sa mort en 1962 à l'âge de 91 ans. Alors qu'il est à Ashburton, il est élu à l'*urban district council* (conseil des districts urbains) dont il est membre durant huit ans. Il devient membre du jury du *court leet* (tribunal foncier municipal) et de la *baron court* (tribunal seigneurial). Il est également élu président de la Co-operative Society, poste qu'il occupe durant douze ans. Il est par ailleurs membre de l'Ashburton Methodist Church et occupe les charges de *circuit steward, society steward, poor steward*[NdT] et *trustee* (administrateur des biens de l'Église). Le 6 février 1961, Douglas Cock interviewe Henry Baskerville à Dorncliffe pour la radio BBC locale. Au cours de cet entretien, ce dernier fait les commentaires suivants concernant *The Hound of the Baskervilles* :

> …Conan Doyle est arrivé et je suis allé le chercher à la gare de Newton Abbot, il est resté huit jours à Park Hill puis je l'ai de nouveau conduit à la gare. Je l'ai également emmené autour de Bovey Tracy et de Heatree…pour voir autour de Hound Tor et…trouver quelques-uns des fils de l'histoire. Le livre a été écrit et ils m'ont promis le premier tirage…que j'ai effectivement reçu. J'étais jeune et n'ai pas pensé à envoyer ma copie à Conan Doyle pour avoir un autographe…jusqu'à ce que le film sorte et que je me rende compte de combien j'avais été stupide de ne pas lui avoir envoyé mon exemplaire…

[NdT] Fonctions laïques de l'Église méthodiste.

Au cours de ce bref entretien, Henry Baskerville est souvent confus. Le film *The Hound of the Baskervilles* auquel il fait référence est une production de 1959 de Hammer Films avec Peter Crushing (Holmes), André Morell (Watson) et Christopher Lee (sir Henry Baskerville). Henry Baskerville a fait l'objet d'une grande publicité avant la sortie du film, ce qui a amené certains à penser qu'il avait exagéré son rôle et celui de Robinson dans les travaux préliminaires concernant l'histoire.

12) Terrain de récréation, Coach Road, Newton Abbot
(46,2 miles, soit 74,3 km)

Ill. 38. Carte de la disposition du Newton College (autour de 1890)

Ill. 39. Carte postale du pavillon de cricket du Newton College (autour de 1900)

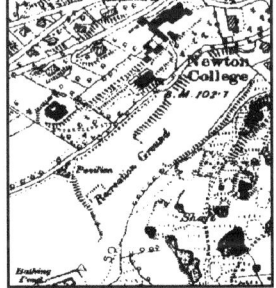

Du parking, suivez la route à sens unique jusqu'à North Street. Prenez à droite et poursuivez 0,1 mile jusqu'à une intersection en T. Prenez alors East Street (B3352) à gauche et suivez les panneaux pour Exeter, Newton Abbot et l'A38. Gagnez la voie de l'A38 en direction d'Exeter de l'A38 et poursuivez 0,7 mile. Rejoignez l'A383 (panneau indiquant Newton Abbot) et continuez 0,5 mile jusqu'au premier rond-point de Newton Abbot. Prenez la deuxième sortie qui indique la direction de Town Centre, Totnes et l'A381. Continuez 0,3 mile jusqu'aux feux tricolores près de l'hypermarché ASDA puis prenez à droite. Poursuivez 0,2 mile puis prenez Wolborough Street à droite (panneau indiquant Totnes et l'A381). Roulez encore 0,4 mile puis prenez Old Totnes Road sur la gauche. Avancez 0,2 mile en direction du clocher de St. Mary the Virgin Church.

Empruntez Coach Road en direction de Newton Hall, situé sur la gauche, durant 0,5 mile. Après Newton Hall, prenez la première à droite qui mène au siège de la Devon County Football Association. Stationnez dans le parking gratuit sur la gauche, adjacent au terrain de récréation.

Robinson est externe au Newton College entre 1882 et 1890. L'école (voir ill. 38) se compose d'un terrain de récréation, d'un pavillon de cricket (voir ill. 39), d'un gymnase, de plusieurs terrains de racket et de fives (sortes de pelote basque et de jeu de paume), d'un bassin de baignade, d'une chapelle, de salles de lecture et de salons, d'une bibliothèque, d'un laboratoire, de salles de classe et de deux internats assez importants appelés School House et Red House. Un troisième internat pour les plus jeunes, Newton Hall, se trouve à côté du campus des aînés. Ont également compté parmi les élèves du Newton College : sir Arthur Quiller-couch (1863 – 1944) et l'explorateur sud-américain le colonel Percy Harrisson Fawcett (1867 – 1925). A. Quiller-Couch rencontre Conan Doyle le 6 mars 1909. Il a en outre été suggéré que des comptes rendus de l'expédition de Fawcett à la frontière entre la Bolivie et le Brésil (1906 – 1909) avaient constitué l'une des sources d'inspiration de Conan Doyle pour *The Lost World* (1912).

Le Newton College a fermé ses portes en 1939, et la plupart des garçons et du personnel qui s'y trouvaient encore ont alors été transférés à la Newton House, au Kelly College de Tavistock (1940). L'ancien campus du Newton College a réouvert en tant que Forde Park Home Office Approved School (1940 – 1973). Le Devon County Council a ensuite utilisé le site comme foyer pour jeunes en difficultés. Le site a récemment été cédé à « Barratt Developments PLC », les bâtiments ont été démolis et remplacés par des constructions modernes. Le terrain de récréation de l'ancien Newton College existe toutefois encore, utilisé conjointement par le Devon County Council, la Devon County Football Association et le Newton Abbot Athletic Football Club. Cette dernière organisation a intégré le pavillon d'origine aux locaux du club. Le bassin a été comblé. Il est devenu la piste du Decoy BMX.

*13) Park Hill House, Park Hill Cross, Ipplepen (49,2 miles, soit 79,1 km)

Ill. 40. Park Hill House

De l'emplacement de l'ancien Newton College, faites demi-tour jusqu'à St. Mary the Virgin Church. Poursuivez 0,4 mile jusqu'à un rond-point et prenez la première sortie, direction Totnes (A381). Continuez 2,1 miles jusqu'à la station-service Park Hill Cross située sur la gauche moins de 200 mètres après l'entrée du village d'Ipplepen. Les visiteurs souhaitant utiliser les installations de la station-service peuvent stationner devant gratuitement. Park Hill House (voir ill. 40) se trouve exactement en face de la station-service Park Hill Cross. Le meilleur endroit pour admirer la propriété est depuis le remblai en gazon, à côté du chemin situé le long de la station-service.

La propriété Park Hill House a été construite autour de 1850 pour un marchand de cidre du nom de John Bowden. Elle inclut également la ferme adjacente, des dépendances et de nombreux hectares de terrain. En 1866, John Bowden finance la construction de la chapelle méthodiste d'Ipplepen. En

1878, il fait du commerce en tant que « marchand de blé et commissionnaire général » à Plymouth et la commune voisine de Wolborough-with-Newton Abbot. À l'époque du recensement britannique du 3 avril 1881, la famille Bowden a déménagé au 22 Lambourn Road, Clapham, Londres (SW4) et Park Hill House est vide. À la même époque, Joseph Fletcher Robinson et sa seconde épouse Emily Robinson (née Hobson) résident au 6 Lyndhurst Road, Wavertree près de Liverpool. Robinson est interne dans une petite école, Penkett Road Beach House, à Liscard près de New Brighton dans le West Cheshire lorsqu'il a dix ans.

Peu après le 3 avril 1881, Joseph Robinson prend sa retraite en tant que directeur commercial de Meade-King, Robinson & Company Limited, une entreprise de négociants qu'il a créée autour de 1866 (l'entreprise existe toujours). À Pâques 1882, Joseph Robinson et sa famille s'installent à Park Hill House, située environ à 270 miles de Liverpool. L'une des explications d'un déménagement aussi éloigné de Liverpool est que Joseph a visité le Devon alors qu'il travaillait comme représentant de commerce pour l'entreprise de Liverpool Robert Sumner & Company entre 1848 et 1866 et qu'il décide simplement de prendre sa retraite à la campagne afin d'assouvir sa passion pour les sports équestres. Autre possibilité : il a peut-être visité Park Hill House de lui-même afin de poursuivre ses activités avec Johnes Bowden (un « négociant de cidre » du même nom a travaillé à Liverpool jusqu'en 1849). Un certain Bowden sera plus tard témoin du mariage de Robinson avec Gladys Morris, le 3 juin 1902 à Londres.

Entre le 25 mai et le 3 juin 1901, Conan Doyle visite le Devon pour ses recherches en vue de *The Hound of the*

Baskervilles. Il est probable qu'entre le 25 et le 30 mai, il réside avec Robinson et sa famille à Park Hill House. Conan Doyle semble également avoir écrit le deuxième épisode de l'histoire ainsi qu'une bonne partie du troisième à cette même période (chapitres III-IV et V-VI sur XV). Lui et Robinson retournent ensuite à Park Hill House le 2 juin après avoir visité Princetown. La remise utilisée pour stationner le véhicule avec lequel Conan Doyle et Robinson parcourent Dartmoor, conduits par Baskerville, et qui s'appelle maintenant Park Hill Lodge se trouve deux portes à gauche de Park Hill House (à côté de Moor Road).

*14) « Honeysuckle Cottage », 2 Wesley Terrace, East Street, Ipplepen (49,7 miles, soit 79,9 km)

Ill. 41. 2 Wesley Terrace (à droite)

De la station-service Park Hill Cross, prenez à gauche l'A381 en direction de Totnes. Poursuivez un peu moins de 100 mètres puis prenez à droite Foredown Road (panneau indiquant Ipplepen, Torbryan et B'hempston). Roulez 0,4 mile jusqu'à un croisement décalé où East Street rejoint Bridge Street (juste après l'entrée à la chapelle méthodiste d'Ipplepen). À ce croisement, prenez à droite Dornafield Road et avancez encore 50 mètres environ. Les visiteurs peuvent stationner gratuitement sur la gauche juste après le début de Brook Road. Marchez une cinquantaine de mètres jusqu'à l'entrée de la chapelle puis encore une vingtaine de mètres sur East Street jusqu'au 2 Wesley Terrace, « Honeysuckle Cottage » (voir ill. 41).

Henry Matthews Baskerville est né dans le village voisin de Dainton en février 1871. Son père John Baskerville, ouvrier agricole, est marié à Mary Mathews depuis le 17 mars 1854. À la naissance de Henry, les Baskerville ont déjà deux enfants, John (également ouvrier agricole), 11 ans, et Mary Catherine, 8 ans.

Autour de 1886, Joseph Fletcher Robinson emploie Henry comme « domestique » à Park Hill House. Ses tâches consistent initialement à pomper l'eau pour la maison depuis un puits situé à proximité, polir l'argenterie et nettoyer les cheminées. En 1891, il assume également les tâches de « cocher et palefrenier », payé 12 shillings et 6 pence la semaine. Plus tard, Henry devient chef cocher, responsable d'un assisant cocher, de trois cochers et de deux chevaux. Il travaille durant 20 ans pour la famille Robinson, jusqu'en 1905.

En 1891, Henry réside avec ses parents et son oncle et homonyme Henry Matthews (cocher à la retraite) à l'actuelle 2 Wesley Terrace. Le 17 novembre 1894, Henry épouse Alice Perring à la Wesley Church de Torquay puis demeure au 3 Wesley Terrace (ou « Wisteria Cottage »). Henry et Alice ont deux filles, Myrtle Alberta (née à l'automne 1895) et Eunice Freda (née durant l'été 1902). Le 31 mars 1901, les parents de H. Baskerville déménagent dans une propriété voisine, « Credefords ».

15) St. Andrew's Church, Ipplepen
(50,1 miles, soit 80,6 km)

Ill. 42. Tombe de Robinson dans la section nord-ouest de St. Andrew's Church

De Dornafield Road, retournez au croisement décalé près de la chapelle et prenez Bridge Street sur la droite. Continuez 0,4 mile en direction d'Ipplepen Village Hall puis prenez Silver Street à droite. Garez-vous gratuitement à une cinquantaine de mètres sur la gauche, en face du panneau indiquant Orley Road. Traversez la rue et entrez dans St. Andrew's Church par la porte principale.

Pour situer la tombe de Robinson depuis l'entrée principale (voir ill. 42), prenez à gauche avant la première tombe qui appartient aux parents de Henry Baskerville. Continuez 50 mètres après l'angle nord-ouest de l'église en direction de la salle paroissiale (*church hall*). Prenez à gauche juste après la tombe d'Arthur William Poole et immédiatement avant la porte en fer à l'entrée de la salle paroissiale. Continuez encore un peu moins de 20 mètres jusqu'au premier et plus imposant monument, qui soutient une croix. Robinson est enterré aux côtés de ses parents et à seulement une vingtaine de mètres au nord de la tombe du révérend Robert Duins Cooke qui a contribué à dresser les grandes lignes du cadre fictif provisoire de *The Hound of the Baskervilles*.

Les visiteurs sont invités à se rendre à l'intérieur de l'église où ils pourront encore admirer les deux vitraux dédiés à la famille Robinson. Ils ont été conçus par l'artiste victorien C. E. Kemp, qui a également réalisé des vitraux pour l'abbaye de Westminster à Londres. Le vitrail sud a été mandaté par Emily Robinson en mémoire de son époux Joseph Fletcher Robinson (mort le 11 août 1903). Joseph a contribué à la restauration de St. Andrew's Church et également assumé le rôle de bedeau durant 21 ans. Ce vitrail comporte une inscription et représente le visage de la vierge et de l'enfant avec saint Jean l'évangéliste et saint André. Le vitrail nord a été commandé par Robinson en mémoire de sa mère Emily Robinson (décédée le 14 juillet 1906). Ce vitrail comporte également une inscription et représente le bon Pasteur avec saint Pierre et saint Paul. Robinson est mort seulement six mois après sa mère (le 21 janvier 1907), et une autre inscription a été ajoutée en sa mémoire.

Il semble que Robinson et Conan Doyle aient assisté à un office du révérend R. D. Cooke dans cette église le 26 mai 1901.

16) Le Grand Hotel, front de mer, Torquay (57,3 miles, soit 92,2 km)

Ill. 43. Le Grand Hotel depuis le front de mer (autour de 1910)

De St. Andrew's Church, retournez à l'intersection en T entre Foredown Road et l'A381. Prenez à gauche et continuez une centaine de mètres jusqu'au croisement situé à côté de la station-service Park Hill Cross. Prenez à droite vers Bulleigh, Compton et Marldo sur 3,1 miles jusqu'à un petit rond-point situé à la sortie de Marldon. À ce petit rond-point, prenez la première sortie et poursuivez environ 100 mètres. Au rond-point suivant, prenez la deuxième sortie direction Preston. Poursuivez 1,8 mile le long de Preston Down Road, Sandringham Gardens, Upper Headland Park Road et Headland Park Road (en 1920, Conan Doyle a demeuré au 5 Headland Grove, situé tout près de Headland Park Road, sur la droite). Aux feux tricolores, prenez Torbay Road, à gauche, et continuez 1,2 mile jusqu'à de nouveaux feux avec des panneaux indiquant le Riviera International Centre, Torre Abbey et Newton Abbot (A380). Prenez à gauche Rathmore Road et roulez encore une trentaine de mètres. Tournez à gauche et stationnez soit gratuitement dans la rue derrière le

Grand Hotel (voir ill. 43), soit dans le parking payant à la gare de Torquay (en face). Les visiteurs ne résidant pas à l'hôtel mais souhaitant y prendre des consommations sont également autorisés à utiliser les places de stationnement de l'hôtel gratuitement.

La gare originale de Torquay, Torquay Railway Station (qui s'appelle maintenant Torre Railway Station) a été ouverte le 18 décembre 1848 par South Devon Railway, permettant ainsi à un grand nombre de riches Londoniens de se rendre à Torquay en seulement six heures de train. Le 2 août 1859, l'actuelle gare de Torquay est inaugurée par la compagnie de chemin de fer Dartmoor and Torbay Railway pour accueillir le nombre croissant de touristes. Au cours des années 1860, plusieurs hôtels importants sont construits, incluant le Belgrave, le Victoria et le Great Western (rebaptisé plus tard le Grand Hotel). Les visiteurs sont invités à prendre des rafraîchissements au Compass Bar and Lounge du Grand Hotel et à profiter de la superbe architecture Art déco.

Conan Doyle et sa seconde épouse, Jean, restent deux semaines au Grand Hotel en mars 1915. Durant ce séjour, Conan Doyle donne une conférence intitulée *The Great Battles of the War* au Pavilion, sur le front de mer. Les visiteurs peuvent également être intéressés de savoir qu'Agatha Christie (née Miller) est née à Torquay le 15 septembre 1890 et qu'elle aimait particulièrement le Grand Hotel. La « reine du crime » a écrit quelque 80 romans à énigmes durant sa carrière et créé les personnages d'Hercule Poirot et Miss Jane Marple. Le 24 décembre 1914, Agatha épouse le colonel Archibald Christie et les jeunes mariés passent leur lune de miel au Grand Hotel. Le couple divorce le 20 avril 1928 et Agatha épouse en secondes noces sir Max

Mallowan le 11 septembre 1930. Lady Mallowan (ou Dame Agatha Christie) meurt à l'âge de 85 ans, le 12 janvier 1976 à Cholsey, Oxfordshire.

17) Pavilion Shopping Centre, Vaughan Road, Torquay (58,1 miles, soit 93,5 km)

Ill. 44. Le Pavilion et ses jardins (1920 environ)

Du Grand Hotel, retournez vers les feux tricolores de Torbay Road, face au front de mer. Prenez à gauche et avancez 0,8 mile en direction du port (Harbour). Au premier petit rond-point, prenez la deuxième sortie pour la Marina et le Pavilion. Les visiteurs peuvent utiliser le parking situé à proximité du Pavilion Shopping Centre (payant).

Le Pavilion (voir ill. 44) a été inauguré en août 1912 en tant que lieu de divertissement. Il a été conçu par le maire Henry A. Garrett et construit par Robert E. Narracott. L'édifice est un mélange de style classique et d'Art nouveau. La façade est ornée de grès émaillé de la Royal Doulton immitant le carrare afin de procurer l'effet d'un palais blanc. Au-dessus du dôme central, recouvert de cuivre, se trouve une statue grandeur nature de Britannia, symbole de patriotisme et d'impérialisme. L'auditorium est doté de panneaux de chêne, de moulures en plâtre et d'un balcon arrondi. Le bâtiment du

Pavilion a réouvert en 1987 en tant que Pavilion Shopping Centre.

En juillet 1914, Conan Doyle revient d'une série de conférences en Amérique du Nord. Peu après, la Première Guerre mondiale éclate lorsque l'Autriche et la Hongrie déclarent la guerre à la Serbie. Le mois suivant, Conan Doyle constitue une unité locale de volontaires à Crowborough et commence à écrire de façon régulière sur la guerre pour le *Daily Chronicle*. Le 2 septembre 1914, il est invité à une réunion par Charles Masterman MP, à la tête du War Propaganda Bureau. Conan Doyle, H.G. Wells, G. K. Chesterton, Thomas Hardy, Rudyard Kipling et d'autres auteurs britanniques de renom sont recrutés par Masterman pour promouvoir l'effort de guerre britannique au travers de leurs écrits. Le 30 septembre 1914, Conan Doyle publie une brochure de ralliement pour les forces armées intitulée *To Arms!* (aux armes). En décembre 1914, le premier de ses nombreux articles sur la guerre paraît dans le *Strand Magazine*. Ce feuilleton est plus tard de nouveau publié dans une histoire en six volumes intitulée *The British Campaign in France and Flanders*. Comme déjà mentionné, Conan Doyle entreprend en février 1915 la visite d'au moins six villes britanniques pour faire un discours sur *The Great Battles of the War*. Le dernier de ces discours est prononcé à Torquay au Pavilion le 27 mars 1915. Il y retourne le 21 février 1923 pour donner une conférence intitulée *The New Revelation*.

18) Torquay Town Hall, Castle Circus, Torquay (59,2 miles, soit 95,2 km)

Ill. 45. Torquay Town Hall (autour de 1920)

Du parking de la Marina, retournez au petit rond-point et revenez vers le Grand Hotel. Prenez Belgrave Road sur la droite à 0,4 mile et passez devant le Victoria Hotel (où Conan Doyle réside le 20 février 1923), puis prenez la deuxième à droite (panneau indiquant Lucius Street et le bureau de poste). Continuez dans Tor Church Road et passez le Majestic Templestowe Hotel (où la première lady Conan Doyle et sa mère résident en mars 1901). Au croisement, poursuivez dans Tor Hill Road et prenez Morgan Avenue, première rue à gauche. Stationnez gratuitement dans les renfoncements situés sur la droite. Marchez jusqu'à l'intersection de Tor Hill Road et Morgan Avenue et traversez. Marchez une centaine de mètres en direction de la grande tour de l'horloge qui fait partie du Torquay Town Hall (voir ill. 45). Les visiteurs peuvent entrer dans le hall de réception et demander à visiter gratuitement l'édifice.

Torquay Town Hall est inauguré en août 1913 seulement douze mois après l'ouverture du Pavilion. Le bâtiment est de style renaissance anglaise et la tour de l'horloge au-dessus de l'entrée principale s'élève à 61 m. L'édifice est fait de pierre et de marbre provenant de diverses carrières locales dont l'une se trouve à Ipplepen. Le Grand Hall du deuxième étage peut contenir 1 200 invités assis et 300 supplémentaires dans la galerie. C'est dans cette salle qu'en août 1920, Conan Doyle donne une conférence, *Death and the Hereafter* (La mort et l'au-delà). La réunion est présidée par un certain Henry Paul Rabbich, alors président de la Paignton Spiritualist Society et vice-président de la Southern Counties Union of Spiritualists. Conan Doyle loge dans la demeure Rabbich, « The Kraal », 5 Headland Grove, Preston, Paignton. On ignore si la seconde lady Conan Doyle accompagne son époux à cette occasion.

Au cours du mois d'avril 1918, Conan Doyle publie *The New Revelation*, ouvrage dans lequel il annonce ouvertement sa foi dans le spiritisme et écrit qu'il considère le sujet comme étant « la question la plus importante à laquelle la race humaine soit confrontée ». L'intérêt de Conan Doyle pour le spiritisme a commencé dès les années 1880 après avoir assisté à une conférence à Birmingham, alors qu'il était l'assistant du docteur Reginald Hoare. Son intérêt semble s'être accru après la mort de son fils aîné, le capitaine « Kingsley » Conan Doyle en 1918 et celle de son frère cadet le brigadier-général « Innes » Conan Doyle en 1919 à la suite d'une pneumonie, après-guerre. Conan Doyle continue à beaucoup écrire sur le spiritisme le restant de sa vie et entreprend deux voyages à travers le monde pour promouvoir ses croyances.

Bibliographie choisie

Tous les efforts ont été mis en œuvre pour respecter les conventions en matière de présentation des sources, mais cela ne s'est pas toujours avéré possible. Les auteurs ont par exemple consultés les registres d'état civil du recensement anglais pour les trois protagonistes des chapitres I à III. Ils se sont également appuyés sur les dernières volontés de Conan Doyle, Budd, Robinson, Gladys Robinson (l'épouse de Robinson), sir John Robinson (l'oncle de Robinson), Henry Baskerville, Richard Cabell et d'autres encore. Ce type de document ne peut être inclus dans une liste. Néanmoins, tous sont disponibles sur Ancestry.com ou à l'office britannique de l'état civil, le General Register Office. Dans d'autres cas, des textes du 19ème siècle ne répertorient pas le nom du ou des auteur(s) et ne fournissent que des détails partiels sur l'éditeur. C'est pourquoi soit les auteurs du présent ouvrage ont omis en partie des entrées dans cette bibliographie choisie, soit ils en ont intégré d'autres avec des notes explicatives entre crochets. Ils ont également décidé de laisser de côté les références de certaines sources en ligne utilisées pour le chapitre IV. Cette décision a été prise dans un but de clarté, d'espace et en tenant compte de la nature éphémère de beaucoup de sites. Les lecteurs souhaitant davantage d'informations sur les sources peuvent contacter les auteurs par courrier électronique : brianpugh140@btinternet.com ou prspiring@hotmail.com.

Andrews, C., 'The Bound of the Astorbilts' in *The Bookman*, Vol. 15, No. 4, June 1902, (New York: Dodd, Mead & Co., Publishers).

Anon., 'A Devon Coachman Whose Name Has Become Immortal', *The Western Times and Gazette*, 1st Nov 1957 [Article sur Henry Baskerville].

Anon., 'Ashburton Funeral – The Late Mrs. A. Baskerville', *Mid-Devon Advertiser*, 2nd June 1951 [Article sur Alice Baskerville, l'épouse de Henry Baskerville].

Anon., 'Bank-holiday in the West', *The Western Morning News*, 28th May 1901.

Anon., "Baskerville is Dead – Conan Doyle Used His Name for Sherlock Holmes Story", *The New York Times*, USA, 2nd April 1962.

Anon., 'Beyond the Veil – Sir Arthur Conan Doyle on Modern Miracles', *The Western Morning News*, 5th Aug 1920 [Article sur la conférence de Conan Doyle à l'hippodrome d'Exeter].

Anon., 'B.F.R.', *The Daily Express*, 22nd Jan 1907 [Nécrologie].

Anon., 'Coachman was in at Birth of Baskerville Tale', *Western Evening Herald*, 29th March 1962 [Nécrologie de Henry Baskerville].

Anon., 'Congo Wrongs – Sir A. Conan Doyle and Mr. Morel at Plymouth', *The Western Morning News*, 19th Nov 1909 [Article sur la première conférence de Conan Doyle au Plymouth Guildhall].

Anon., 'Council of Legal Education', *The Times*, 15th April 1896 [Article rapportant que Robinson a passé l'examen pour le Barreau à Inner Temple].

Anon., 'Court Circular', *The Times*, 25th October 1902 [Article rapportant que Conan Doyle a été fait chevalier par le roi Édouard VII].

Anon., 'Dartmoor in Story', *The Western Morning News*, 2nd March 1931.

Anon., "Death and the Hereafter' – Sir Arthur Conan Doyle Lectures at Torquay', *The Torquay Directory and South Devon Journal*, 11th Aug 1920 [Article sur la conférence de Conan Doyle au Torquay Town Hall].

Anon., 'Death of Mr. B. F. Robinson', *Mid-Devon and Newton Times*, 26th Jan 1907.

Anon., 'Death of Mr. B. F. Robinson', *Vanity Fair*, Jan 1907.

Anon., 'Doctor Who Helped to Cure the City', *Bristol Evening Post*, 11th April 2006 [Article sur le docteur William Budd, le père de Budd].

Anon., 'Do Fairies Exist? – Sir A. Conan Doyle's Belief – Manifestations in Devon & Cornwall', *The Western Morning News and Mercury*, 24th Feb 1923.

Anon., *Edinburgh Wanderers Football Club Centenary 1868 – 1968*, (Self-published, 1968).

Anon., 'Festival Sports at Forde Park School', *Mid-Devon Advertiser*, 14th June 1951.

Anon., 'Football. Blackheath v. West Kent', *The Times*, 29th September 1879.

Anon., 'Football. Glasgow Academicals v. Blackheath', *The Times*, 7th March 1878.

Anon., 'Football. Rugby Union Rules. London, Western, and Midland Counties v. Oxford and Cambridge', *The Times*, 10th Nov 1892.

Anon., 'Football. Rugby Union Rules. London, Western, and Midland Counties v. Oxford and Cambridge', *The Times*, 9th Nov 1893.

Anon., 'Football. Rugby Union Rules. Oxford v. Cambridge', *The Times*, 17th Dec 1891.

Anon., 'Football. Rugby Union Rules. Oxford v. Cambridge', *The Times*, 15th Dec 1892.

Anon., 'Football. Rugby Union Rules. Oxford v. Cambridge', *The Times*, 14th Dec 1893.

Anon., 'Golden Wedding Celebration – Ashburton Couple', *Western Evening Herald*, 21st Nov 1944 [Article sur Henry et Alice Baskerville].

Anon., 'Greatest Delusion or Greatest Fact? – Spiritualists' Claim – Sir A. Conan Doyle at Plymouth', *The Western Morning News and Mercury*, 24th Feb 1923 [Article sur la seconde conférence de Conan Doyle au Plymouth Guildhall].

Anon., 'Henley Royal Regatta', *The Times*, 6th July 1892.

Anon., 'Henley Royal Regatta', *The Times*, 7th July 1892.

Anon., 'Henley Royal Regatta', *The Times*, 8th July 1892.

Anon., 'His Name has Gone Down in Mystery – Harry Baskerville', *South Devon Journal*, 17th Oct 1951.

Anon., "Hound of the Baskervilles' – Harry Baskerville Dead; Conan Doyle Used Name', *New York Herald Tribune*, USA, 2nd April 1962.

Anon., 'In Memoriam', *The World*, 22nd Jan 1907 [Nécrologie de Robinson].

Anon., *Ipplepen Cricket Club 1890 – 1990*, (Self-published, 1990).

Anon., 'Late Mr. B. Fletcher Robinson – Funeral at Ipplepen', *The Western Morning News*, 25th Jan 1907.

Anon., 'Life After Death – Sir A. Conan Doyle on Danger of Self-Satisfied', *The Western Morning News*, 6th Aug 1920 [Article sur la conférence de Conan Doyle au Torquay Town Hall].

Anon., 'Linked to the Hound of the Baskervilles', *Dawlish Post*, 15th Nov 1991 [Article sur Park Hill House].

Anon., 'London Editor's Death – Mr. B. Fletcher Robinson Succumbs to Typhoid Fever', *The Western Guardian*, 24th Jan 1907.

Anon., 'Lord Roberts and 'The Pilgrims', *The Times*, 20th June 1904.

Anon., 'Marriages – Robinson:Morris', *The Times*, 5th June 1902.

Anon., 'Mr. Baskerville Returned to see Old Village Friends', *The South Devon Journal*, 13th June 1951.

Anon., 'Mr. Fletcher Robinson – Memorial Service at St. Clement Danes', *The Daily Express*, 27th Jan 1907.

Anon., 'Mystery of the Stonehouse Wall Plaque', *Waterfront News*, Winter 1994.

Anon., 'Obituary – Mr. B. Fletcher Robinson', *The Times*, 22nd Jan 1907.

Anon., 'Obituary – Mr. Phil Morris, A.R.A.', *The Times*, 24th April 1902.

Anon., 'Obituary – Sir John R. Robinson', *The Times*, 2nd Dec 1903.

Anon., 'Presentation at Dartmoor Prison', *The Western Morning News*, 31st May 1901.

Anon., 'Rowing. The University Boat Race', *The Times*, 12th Feb 1894 [Article révélant que Robinson a été sélectionné dans l'équipe d'aviron « Trial Eight » de l'université de Cambridge].

Anon., 'Sidelights on Great Crime Stories (No 10) – 'Ghost Hound" of the Marshes – Was it the Inspiration of Conan Doyle's Story?' *The Evening News*, 25th May 1939.

Anon., 'Sir A. Conan Doyle – Special Interview at Torquay – Spiritualists View of Religion', *The Western Morning News and Mercury*, 21st Feb 1923.

Anon., 'Sir Arthur Conan Doyle at Torquay', *The Western Morning News*, 29th March 1915 [Article sur la première conférence de Conan Doyle au Pavilion à Torquay].

Anon., 'Some Gossip of the Week', *The Sphere*, 26th Jan 1907 [Nécrologie de Robinson].

Anon., 'Spiritualism – New Town Hall, Torquay', *The Torquay Directory and South Devon Journal*, 21st July 1920 [Publicité annonçant la conférence à venir de Conan Doyle].

Anon., *The British Medical Journal*, 16th March 1889 [Nécrologie de Budd].

Anon., 'The Coronation Honours', *The Times*, 26th June 1902 [Article rapportant que le roi Édouard VII a remis à Conan Doyle le titre de chevalier].

Anon., 'The Escape of Convicts', *The Times*, 17th June 1901.

Anon., *The New Forest Church of All Saints Minstead*, Minstead Parish Church Council, 1999.

Anon., "The New Revelation' – Sir A. Conan Doyle's Lecture at Torquay', *The Western Morning News and Mercury*, 22nd Feb 1923 [Article sur la seconde conférence de Conan Doyle au Pavilion à Torquay].

Anon., 'The New Revelation – Sir Arthur Conan Doyle at Torquay – Life After Death', *Torquay Times*, 23rd Feb 1923.

Anon., "The New Revelation' – Visit of Sir Arthur Conan Doyle to Torquay', *The Torquay Directory and South Devon Journal*, 28th Feb 1923.

Anon., 'The New Sherlock Holmes Story' in *The Bookman*, October 1901, (New York: Dodd, Mead & Co., Publishers).

Anon., 'The Original Baskerville Dies, Aged 91', *The Western Morning News*, 30th March 1962.

Anon., 'University Intelligence', *The Times*, 26th Nov 1897 [Article rapportant que Robinson a obtenu un *master of arts*, équivalent de la maîtrise, de son université].

Anon., 'When Conan Doyle Practised Medicine in Plymouth', *The Western Morning News*, 2nd Feb 1949 [Article donnant un aperçu des principales attaches de Conan Doyle avec le Devon].

Anon., 'Where Sir Arthur Played Billiards', *Dawlish Post* [Article sur Park Hill House].

Austin, B, "Dartmoor Revisited or Discoveries in Dartmoor", *Austin's Sherlockian Studies – The Collected Annuals*, (New York: Magico Magazine, 1986) [Article sur Richard Cabell III et la légende des Baskerville].

Bainbridge, J., *Newton Abbot: A History and Celebration of the Town*, (Teffont, Salisbury: Frith, 2004).

Bamberg, R. W., *Haunted Dartmoor – A Ghost-Hunter's Guide*, (Newton Abbot: Peninsula Press, 1993).

Barber, C., *Princetown of Yesteryear* (Exeter: Obelisk, 1995) [2 volumes].

Barber, C., & Barber, S., *Dark and Dastardly Dartmoor*, (Exeter: Obelisk, 1988).

Barber, C., *Princetown of Yesteryear* (Exeter: Obelisk, 1995) [2 volumes].

Baring-Gould, S., *A Book of Dartmoor*, (London: Methuen, 1900).

Baring-Gould, S., *Report and Transactions of the Devonshire Association for the Advancement of Science,* Vol. 26, 1894, (Devon: The Devonshire Association).

Baskerville, H. M., 'A letter to the Editor [Noel Vinson]', *The Western Morning News*, 1949. [Cette lettre date du 9 février 1949 et a été publiée le 16 févier 1949. Elle est écrite en réponse à une lettre de H. G. Michelmore qui paraît dans le même journal le 2 février 1949. Baskerville se souvient de son voyage à Dartmoor avec Conan Doyle et Robinson en 1901. Il mentionne également que Robinson lui a donné un exemplaire dédicacé de *The Hound of the Baskervilles*].

Bath, E. J., *Newton Abbot Roundabout*, (Self-published, 1984) [Newton Abbot Library].

Bigelow, S. T., 'The Singular Case of Fletcher Robinson' in *The Baker Gasogene – a Sherlockian Quarterly,* Vol. 1, No. 2, 1961.

Bond, Pearce & Co. (Solicitors), *Indenture between Benjamin Butland of Leigham Barton Eggbuckland, farmer and landlord, and George Budd of East Stonehouse, surgeon and tenant*, 16th Nov 1881 [L'article est détenu par Plymouth & West Devon Record Office sous la référence : « Accession No 917/35 »].

Bradshaw's General Railway and Steam Navigation Guide, May & June 1901 [Il s'agit du plus complet des nombreux guides et horaires mensuels des chemins de fer britanniques de l'époque, conservé par les archives nationales de Richmond sous la référence : « Rail 903/118 »].

Brandenburg, B., Doyle, A. C., Green, A. K., Poe, E. A., Robinson, B. F. & Stevenson, R. L., (ed. Patten, W.), *Great Short Stories: Volume 1 Detective Stories*, P. F. Collier & Son [Cette anthologie de 12 nouvelles inclut aussi bien *The Sign of Four* et *A Scandel in Bohemia* de Conan Doyle que *The Vanished Millionaire* de Robinson].

Budd, A. J. & others, (ed. Marshall, F.), *Football: The Rugby Union Game*, (London: Cassell & Co. Ltd., 1892).

Byng, B., *Dartmoor's Mysterious Megaliths*, (Plymouth: Baron Jay, n.d.).

Carr, J. D., *The Life of Sir Arthur Conan Doyle*, (London: John Murray, 1949).

Carter, P., *Newton Abbot*, (Exeter: The Mint Press, 2004).

Cassell's Family Magazine, (ed. Pemberton, M.), Dec 1896–Nov 1897, (London: Cassell, Petter & Galpin). [Inclut 3 articles de Robinson].

Cassell's Magazine, (ed Pemberton M), Dec 1897–Dec 1903, (London: Cassell) [Inclut 21 articles, quatre nouvelles et deux poèmes de Robinson].

The Chanticleer, (ed. Foakes-Jackson, J. & others), 1890–1894 (Cambridge: J. Palmer) [*Jesus College magazine* devient *The Chanticlere* en octobre 1892].

Chapman, L., *The Ancient Dwellings of Grimspound and Hound Tor*, (Chudleigh: Orchard Publications, 1996).

The Cheltonian, June 1901 [Compte rendu d'un match de cricket disputé les 7 et 8 juin entre Cheltenham College et une certaine équipe Incogniti, en tournée, et dont Conan Doyle fait partie – p. 139-142].

Clifton College Register 1862-1947, 47th Edn, (Old Cliftonian Society, 1947).

Climatological Returns for Ashburton, Druid, Devon, May & June 1901 [Feuille d'observation météorologique quotidienne préparée pour la Royal Meteorological Society par un certain Fabyn Amery et conservée par la Met Office National Meteorological Archive à Exeter sous la référence « 910070 »].

Climatological Returns for Great Yarmouth, Norfolk, April 1901 [Feuille d'observation météorologique quotidienne préparée pour la Royal Meteorological Society et conservée par la Met Office National Meteorological Archive sous la référence « 910741 »].

Climatological Returns for Princetown, Devon, May & June 1901 [Feuille d'observation météorologique quotidienne préparée pour la Royal Meteorological Society par le personnel de la prison de Dartmoor et conservée par la Met Office National Meteorological Archive sous la référence « 911426 »].

Cooke, H. R., 'A letter to the Editor [Noel Vinson]', *The Western Morning News*, 1949 [Cette lettre est datée du 7 février 1949 et paraît le 14 février 1949. Le révérend H. Cooke rapporte que son père, le révérend R.D. Cooke, a accompagné Robinson dans son voyage de recherche à Dartmoor avant que Robinson ne visite de nouveau la région avec Conan Doyle.].

Cooke, R. D., *The Churches and Parishes of Ipplepen and Torbryan*, n.d. [Cet article semble avoir été publié en tant que supplément de l'*Ipplepen Parish Magazine* autour de 1930.].

Cramer, W. S., 'The Enigmatic B. Fletcher Robinson and the Writing of The Hound of the Baskervilles' in *The Armchair Detective*, Vol. 26, No. 4, 1967.

Crossing, W., *Princetown – Its Rise and Progress*, (Brixham, Devon: Quay Publications, 1989).

The Daily Express, May 1900–June 1904, (London: C. A Pearson) [102 articles signés, un poème et une courte pièce de Robinson].

Dam, H. J. W., 'Arthur Conan Doyle: An Appreciation of the Author of "Sir Nigel", the Great Romance Which Begins Next Sunday', *New York Tribune Sunday Magazine*, 26th Nov 1905.

Djabri, S. C., *The Story of the Sepulchre – The Cabells of Buckfastleigh and the Conan Doyle Connection*, (London: Shamrock Press, 1989).

Doidge's Western Counties Yearbook, 1879-80 (Plymouth).

Doyle, A. C., 'Dry Plates on a Wet Moor', in *The Hound*, Vol. 3, 1994 [Publié à l'origine dans *The British Journal of Photography*, novembre 1882].

Doyle. A. C., *Memories and Adventures*, (London: Greenhill Books, 1988) [Il s'agit d'un facsimilé de la première édition du livre publié à Londres par Hodder & Stoughton en 1924.].

Doyle, A. C., 'My First Experiences in Practice', *The Strand Magazine*, Vol. 66, No. 395, Nov 1923.

Doyle, A. C., 'The Adventure of the Norwood Builder' in *Collier's Weekly Magazine*, October 1903.

Doyle, A. C., *The Hound of the Baskervilles*, (London: George Newnes, 1902).

Doyle, A. C., *The Lost World*, (London: Hodder & Stoughton, 1912).

Doyle, A. C., *The Stark Munro Letters*, (London: Longmans, Green & Co., 1895).

Dunnill, M., *Dr. William Budd. Bristol's Most Famous Physician*, (Bristol: Redcliffe Press, 2006).

Edwards, O. D., *The Quest for Sherlock Holmes*, (Edinburgh: Mainstream Publishing, 1983).

Elvins, J. W., *Plymouth Street Directory*, 1867 & 1873, (Plymouth: John W Elvins).

Evans, P., 'The Mystery of Baskerville', *The Daily Express*, 16th March 1959.

Eyre Brothers' Plymouth, Devonport and Stonehouse Street Directory, 1880–1890 (London: Eyre Bros.).

Fraser, J. M., & Robinson, B. F., (ed. Sisley, C.), 'Fog Bound' in *The London Magazine*, August 1903 (London: Amalgamated Press).

Fraser, J. M., & Robinson, B. F., (ed. Hutchinson, A.), 'The Trail of the Dead – The Strange Experience of Dr. Robert Harland' in *The Windsor Magazine*, Dec 1902–May 1903 (London: Ward & Lock) [six nouvelles].

French, A., *Ipplepen*, (Exeter: Obelisk Publications, 2003).

Gilbert, T., '*A Letter to The Royal College of Physicians of London*', (Unpublished, 17th May 1882) [Thomas Gilbert était employé au service des inscriptions de l'université d'Édimbourg et déclare ce qui suit dans son bref courrier : « Par la présente, je certifie que M. Arthur Conan Doyle a débuté l'étude de la médecine le 1er novembre 1877 et obtenu ses diplômes de *bachelor of medicine* et *master of surgery* de cette université le 1er août 1881. » Cette déclaration est importante car elle entre en contradiction avec l'opinion courante selon laquelle Conan Doyle a commencé ses études de médecine au mois d'octobre 1886. La lettre est toujours conservée par la bibliothèque du Royal College of Physicians sous la référence « G49 of the ALS (historic letter) collection ».].

Goodall, E. W., *William Budd, M.D. Edin., F.R.S. – The Bristol Physician and Epidemiologist*, (London: Arrowsmith, 1936).

Gore's Directory of Liverpool and its Environs, 1845-1867 (Liverpool: J. Mawdsley & Son).

The Granta, (ed. Lehmann, R. C. & others), 1892-97, (Cambridge: W. P. Spalding) [Inclut 16 poèmes, un chant et une courte pièce de Robinson].

Green, R. L., 'Bertram Fletcher Robinson: An Old and Valued Friend – The Adventure of the Two Collaborators' in *Hound and Horse, A Dartmoor Commonplace Book*, ed. Shirley Purves, (London: The Sherlock Holmes Society of London, 1992).

Green, R. L., 'Conan Doyle and his Cricket' in *The Victorian Cricket Match - The Sherlock Holmes Society of London versus the P.G. Wodehouse Society*, (London: The Sherlock Holmes Society of London, 2001).

Green, R. L., 'The Hound of the Baskervilles, Part 1' in *The Journal of the Sherlock Holmes Society of London*, Vol. 25, No. 3, 2001.

Green, R. L., 'The Hound of the Baskervilles, Part 2' in *The Journal of the Sherlock Holmes Society of London*, Vol. 25, No. 4, 2002.

Hammond, D., *The Club: Life and Times of Blackheath F.C.*, (London: MacAitch, 1999).

Hands, S., & Webb, P., *The Book of Ashburton – Pictorial History of a Dartmoor Stannary Town*, (Tiverton: Halsgrove House, 2004).

James, T., *About Princetown*, (Chudleigh: Orchard Publications, 2002).

Jones, K. I., *The Mythology of The Hound of the Baskervilles*, 2nd Edn, (Penzance: Oakmagic Productions, 1996).

Kelly's Directory of Devonshire, 1878/79 and *1910* (London: Kelly's Directories Ltd, 1883-1926). [Articles sur Ipplepen].

Klinefelter, W., *Origins of Sherlock Holmes*, (Bloomington, Indiana: Gaslight Publications, 1983).

Lellenberg, J., Stashower, D., & Foley, C, *Arthur Conan Doyle: A Life in Letters*, The USA: Penguin, 2007.

Lethbridge, H. J., *Torquay & Paignton: The Making of a Modern Resort*, (Chichester: Phillimore & Co., 2003).

London and Provincial Medical Directory 1848-69, (London: John Churchill).

London Medical Directory 1845, (London: C. Mitchell).

Mann, R., *Buckfast & Buckfastleigh*, (Exeter: Obelisk, 1994.

Marshall, A., *Out and About – Random Reminiscences*, (London: John Murray, 1933).

Marshall, F., (ed.), *Football: The Rugby Union Game*, (London: Cassell & Co., 1892) [Inclut un article écrit par Arthur Budd].

Marshall, H. P., (in collaboration with Jordan, J. P.), *Oxford v. Cambridge: The Story of the University Rugby Match*, (London: Clerke & Cockeran, 1951).

Mathews' Annual Bristol & Clifton Directory & Almanack, 1850–1869 (Bristol: Matthew Mathews).

Mathews' Bristol Directory, 1870-1879, (Bristol: J. Wright & Co.).

Matson, C. G., 'Automobile Topics: The Paris Automobile Show', *The World*, 11th Dec 1906. [Robinson est rédacteur en chef de ce journal avant sa mort. Plusieurs sources indiquent qu'il a contracté la thyphoïde alors qu'il se trouvait au salon automobile de Paris en décembre 1906.].

Matson, C. G., 'Automobile Topics: The Paris Automobile Show', *The World*, 18th Dec 1906.

Matson, C. G., 'Automobile Topics: The Paris Automobile Show', *The World*, 25th Dec 1906.

Maurice, A. B., 'Conan Doyle's "The Hound of the Baskervilles"', *The Bookman*, May 1902, (New York: Dodd, Mead & Co., Publishers).

McClure, M. W., 'Myth-Conception Regarding The Hound of the Baskervilles' in *The Devonshire Chronicle: The Quarterly Journal of The Chester Baskerville Society,* Vol. 1, No. 2, 1989.

McNabb, J., The Curious Incident of the Hound on Dartmoor in *Occasional Papers, No. 1,* - *Bootmakers of Toronto* [The Sherlock Holmes Society of Canada], (Toronto: Bootmakers of Toronto, 1984).

Medical Directory, 1870-1905 (London: Churchill Livingston).

Michelmore, H. G., 'A letter to the Editor [Noel Vinson]' *The Western Morning News*, 1949 [La lettre, datée du 2 février 1949, paraît le 7 février 1949. Elle est écrite en réponse à une critique récente de *The Life of Sir Arthur Conan Doyle* par J. Dickson Carr et examine l'association entre Conan Doyle et Robinson.].

Michelmore, H. G., *Fishing Facts and Fancies*, (Exeter: A. Wheaton & Co., 1946).

Michelmore, H. G., '*Letter to Miss Mary Taylor'*, (Unpublished, 30th January 1907) [Cette lettre rend compte de la réaction de Michelmore lorsqu'il apprend la mort de Robinson, ainsi que son trajet pour se rendre à Londres afin de mettre en ordre la succession. Elle est conservée par la British Library of Political and Economic Science sous la référence « Mill-Taylor, Vol. 29, No. 307 »].

The Newtonian, 1881–1890 (Newton Abbot: G. H. Hearder) [Magazine de Newton Abbot Proprietary College dont Robinson est rédacteur en chef entre 1887 et 1889].

Oswald, N. C., 'The Budds of North Tawton: A Medical Family of the 19th Century' in *Report and Transactions of the Devonshire Association for the Advancement of Science, Literature and Arts*, Vol. 117, Dec 1985.

Pearce, D. N., 'The Illness of Dr. George Turnavine Budd and its Influence on the Literary Career of Sir Arthur Conan Doyle' in *Journal of Medical Biography*, Vol. 3, No. 4, Nov 1995.

Pearson, H., *Conan Doyle, his Life and Art*, (London: Macdonald & James, 1977).

Pearson's Magazine, March 1900 – December 1904, (London: C. A. Pearson). [Inclut 15 articles, deux nouvelles et deux poèmes de Robinson].

Pemberton, M., *Sixty Years Ago and After*, (London: Hutchinson & Co., 1936).

Pemberton, M., *Wheels of Anarchy*, (London: Cassell & Co., Ltd., 1908).

Pugh, B. W., *A Chronology of the Life of Sir Arthur Conan Doyle – New Revised and Expanded Edition*, (Self-published: 2003).

Pugh, B. W., *A Monograph on George Turnavine Budd*, (Self-published: 2007).

Rice, F. A., (compiler), *The Granta and its Contributors 1889-1914*, (London: Constable & Co., 1924).

Robinson, B. F. et al. (ed. Hutchinson, A.), 'Chronicles in Cartoon: A Record of our Own Times' in *The Windsor Magazine*, December 1905–November 1906 (London: Ward & Lock). [Inclut douze articles comprenant des dessins humoristiques *Vanity Fair* de vedettes de l'époque].

Robinson. B. F., 'How Mr. Denis O' Halloran Transgressed his Code' in *Appleton's Booklovers Magazine*, Vol. 9, Jan 1907 [Dernière nouvelle écrite par Robinson].

Robinson. B. F., *John Bull's Store*, (London: Elkin & Co., 1904) [Hymne à la réforme fiscale : musique de Robert Eden (1903), paroles de Robinson].

Robinson, B. F., 'People Much Talked About in London' in *Munsey's Magazine,* Vol. 37, 1907.

Robinson, B. F., (ed. Pemberton, M.), *Rugby Football,* (London: A. D. Innes & Co., 1896).

Robinson, B. F., (ed. Savory, E. W.), *Sporting Pictures,* (London: Cassell & Co., 1902).

Robinson, B. F., 'The Chronicles of Addington Peace' in *The Lady's Home Magazine of Fiction*, Aug 1904–Jan 1905, [6 nouvelles].

Robinson, B. F., 'The Fortress of the First Britons. A Description of the Fortress of Grimspound on Dartmoor' in *Pearson's Magazine,* Vol. 28, Sep 1904.

Robinson, B. F., *The Little Loafer*, (London: Elkin & Co., 1904). [Hymne à la réforme fiscale : musique de Robert Eden, paroles de Robinson].

Robinson, J. R., *Fifty Years on Fleet Street* (London: MacMillan & Co., 1904). [L'autobiographie d'un frère cadet de Joseph Fletcher Robinson].

Rodin, A. E., & Key, J. D., 'A Plymouth Adventure: Arthur Conan Doyle and George Turnavine Budd' in *Baker Street Miscellanea,* No. 57, 1989.

Rodin, A. E., & Key, J. D., *Medical Casebook of Doctor Arthur Conan Doyle*, (Malabar, Florida: Krieger Publishing, 1984).

Ruber, P. A., 'Sir Arthur Conan Doyle & Fletcher Robinson: an Epitaph' in *The Baker Street Gasogene*, Vol. 1, No. 2, 1961.

Saville, G., 'The War of the Baskervilles', *The Independent*, 11th July 2001.

Selleck, D., *Backalong in Plymouth Town: Stories from West Country History - 1780-1880, No. 1,* (Redruth: Dyllansow Truran, 1984).

Selleck. D., 'Dr. Budd, Bully or Benefactor', *Western Evening Herald*, 21st July 1990.

Selleck, D., 'Tough Talking Cured Patients', *Western Evening Herald*, 16th August 1983.

Simpson, A. W. B. Shooting Felons: 'Law, Practice, Official Culture and, Perceptions of Morality' in *Journal of Law and Society*, Vol. 32, No. 2, June 2005, (Oxford: Blackwell Publishing, 1982-) [Historique des évasions de détenus de HMP Dartmoor].

Spiring, P. R., & Weller, P. L., (with Pugh, B. W.), *Bertram Fletcher Robinson: An Annotated and Analytical Chronology and Bibliography,* (Fareham, Hampshire: Sherlock Publications, 2007).

Spiring, P. R., *A Monograph on Bertram Fletcher Robinson,* (Self-published, 2007).

Stashower, D., *Teller of Tales: The Life of Arthur Conan Doyle*, (New York: Henry Holt & Co., 1999).

Stonehouse Street Directory, 1852-73, (Plymouth: F. Brendon).

Summers, V., 'The Case of Conan Doyle and the Amazing Dr. Budd', *Devon Life,* June 1990 (Totnes: Archant Life).

The Shirburnian, June 1901 [Compte rendu d'un match de cricket disputé les 3 et 4 juin entre Sherborne School et une équipe Incogniti, en tournée, et dont fait partie Conan Doyle – p. 96-98].

The Three Towns Directory for Plymouth, Devonport and Stonehouse, (Plymouth: W. J. Trythall, 1877).

Travis, J., *Lynton and Lynmouth – Glimpses of the Past*, Breedon Books, 1997.

Vanity Fair (ed. Robinson, B. F.), May 1904–Oct 1906, (London: Harmsworth) [Inclut 27 articles, 33 nouvelles, deux poèmes, un chant et huit courtes pièces de Robinson].

Weller, P. L., 'Deposits in the Vault: Together Again on the Moor?' in *Stimson & Company Gazette*, No. 3, 1992.

Weller, P. L., *The Hound of the Baskervilles – Hunting the Dartmoor Legend*, (Tiverton: Devon Books, 2001).

Wheeler, E., '"Rescuer" of Sherlock Holmes', *The Western Morning News*, 24th Oct 1969.

Wheeler, E., 'The Grand Old School of Newton Abbot', *Mid-Devon Advertiser*, 8th Aug 1970.

White, W., *History Gazetteer & Directory of Devonshire,* (Sheffield: Robert Leader, 1850) [Articles sur Ipplepen].

Will, H., *Ford Park Cemetery, Plymouth – A Heritage Trail*, (Plymouth: Ford Park Cemetery Trust, 2004).

Williams, J. E. H., 'The Reader: Arthur Conan Doyle' in *The Bookman*, April 1902.

Zunic, J., 'Origins of the Hound, 1: Bertie and Max', *The Northumberland Gazette*, Nov 1989.

Documents privés inaccessibles au public

Anon., *Blackheath Football Club Records 1875-1898*, (inédit, non daté) [Ce club a ensuite été rebaptisé Blackheath Rugby Club.].

Howlett, A., (Unpublished, 1976) [notes de conférence].

McNabb, J., *My Friend, Mr. Fletcher Robinson*, (inédit, 1985 env.).

Michelmore, H. G., *A letter to Henry Baskerville*, (inédit, 8 fév. 1949) [Il s'agit de la réponse de l'auteur à une lettre reçue le jour précédent par Baskerville. Elle revient sur la collaboration littéraire entre Conan Doyle et Robinson pour *The Hound of the Baskervilles.*].

Robinson, F., *Reminiscences of Frederick Robinson*, (inédit, 1911) [10 000 mots de notes autobiographiques écrites par le frère cadet de Joseph Fletcher Robinson].

Smyllie, F., *History of Meade-King, Robinson & Co. Ltd.*, (inédit, non daté) [Long essai sur l'évolution de cette entreprise depuis sa création par Joseph Fletcher Robinson].

Sutton, M., *The Darling Budds of Devon,* (inédit, non daté).

Rapports préparés pour Brian Pugh et Paul R. Spiring

Anon., *George Turnavine Budd*, (Devon Record Office, 2005).

Anon., *Henry Mathews Baskerville,* (Devon Record Office, 2005).

Anon., *Park Hill House in Ipplepen*, (Devon Record Office, 2005).

Anon., *Squire Richard Cabell III*, (Devon Record Office, 2005).

Beckwith, J., *Arthur James Budd*, (The Royal College of Physicians of London, 2006).

Duncan, S., *BFR and The Isthmian Library*, (British Library, 2006).

Duncan, S., *The London Residences of BFR*, (British Library, 2005).

Ferguson, I., *Dr. George Turnavine Budd*, (Edinburgh University, 2007).

Gillies, S., *Articles by-lined by BFR and Published in The Daily Express*, April 1900–July 1904, (British Library, 2005 – 2006) [Ensemble de 17 articles].

Willmoth, F., *BFR & Dr. Henry Menzies*, (Jesus College, The University of Cambridge, 2005).

Sources Internet

Casey, P., *Clifton Rugby Football Club History*, http://www.cliftonrfchistory.co.uk
Pugh, B. W., *The Conan Doyle (Crowborough) Establishment*, http://www.the-conan-doyle-crowborough-establishment.com/
Spiring, P. R., *BFRonline.BIZ*, http://www.bfronline.biz/